Jules Barbey d'Aurevilly

Gegen Goethe

J. Barbey d'Aurevilly

Jules Barbey d'Aurevilly

Gegen Goethe

Aus dem Französischen und mit Anmerkungen
versehen von Gernot Krämer.
Mit einem Nachwort von Lionel Richard
und einem Essay von Christian Hecht.

Matthes & Seitz Berlin

Während die Preußen Paris bombardierten, las ich Goethe. Die Librairie Hachette hatte mir vor der Belagerung eine Übersetzung seiner *Sämtlichen Werke* geschickt, damit ich sie in einer Zeitung bespräche, und zwischen zwei Wachen las ich immer wieder darin, um sie mir anzueignen oder dem Vergessen zu überantworten, einer Ansicht folgend, die ich da und dort schon zum Ausdruck gebracht habe, aber zu flüchtig und zu knapp, denn dieser Mann verdient es wohl, daß man sich einmal die Zeit nimmt, ihm ein paar gezieltere, härtere, tiefergehende Schläge zu versetzen... Nun, hätten Sie das gedacht? – Ja, Sie würden es glauben, wenn Sie Goethe gelesen hätten – dieser große Goethe langweilte mich... Er *bombardierte* mich mit Langeweile! Von allen deutschen Geschossen, die über meinem Stadtteil niedergingen, waren die *Sämtlichen Werke* für mich das schwerste. Aber gestatten Sie mir, bevor wir zu urteilen beginnen, eine Frage, und zwar eine sehr französische Frage: Kann man sein, was als ein Mann von Genie bezeichnet wird, und zugleich langweilig sein? Und wenn man ein unerhörtes Genie ist, kann man dann unerhört langweilig sein?

Denn das ist er, dieses sogenannte Genie, und die Langeweile, die er einflößt, ist wie der kleine Schanker[1] Louis' XV, von dem man sagte: Beim König ist alles groß! Die Langeweile, die Goethe verbreitet, ist ebenso groß wie sein Ruhm, und sein Ruhm – das muß man ihm zugestehen – ist der größte unter allen modernen. Seit Voltaire – der allerdings kein Langweiler war – hat man in Europa niemandem einen *enzyklopädischeren* Ruhm zugesprochen als Wolfgang Goethe; und sein Ruhm ist sogar noch größer als der Voltaires, denn der Parteigeist, der bei seinen Anhängern so viel dazu beigetragen hat, den Ruhm Voltaires zu verbreiten, spielt bei Goethes Ruhm keine Rolle. Es gibt ihn, weil er sich selber fortzeugt. Es gibt ihn nicht, weil er ihn verdient hätte. Es gibt ihn, weil er sich selber fortzeugt und vor allem weil eine Vielzahl von Menschen es sich in den Kopf gesetzt hat, ihn zu machen, und die Narrenkappe, die das bewirkte und die exakt nach dem Maß der Stirne Frankreichs genommen war, stammt von Madame de Staël, die sie mit ihren verzauberten Nadeln strickte.[2]

Im übrigen ist Frankreich, wie ich andernorts schon gesagt habe, selbst am Ruhm Goethes schuld. Ohne Frankreich, ohne die Stimme Frankreichs, dieses Morgenfanals, das die Völker erweckt, ohne die französische Sprache und Madame de Staël, die sie so vorzüglich sprach, hätte Goethe nur sein deutsches Geräusch hervorgebracht

— ein Gluckgluck in einem Tintenfaß! Da war es ein Glück für Goethe und für Deutschland, daß Madame de Staël sich eines schönen Tages in Schlegel vernarrte, und diese Frau, die Sterne auf Talmas[3] Stirn sah, wo keine waren, diese Frau, die, wie alle Frauen, mit der Gabe des Bewunderns, aber nicht des Unterscheidens ausgestattet war, sah Deutschland mit Schlegels Augen und erhob das Land so zu einer Bedeutung, die es nicht hatte. Frankreich, das allzu gastfreundliche und einfältige Frankreich, glaubte an diese Stimme, die sie liebte. Napoleon mit seinem Adlerblick hatte sehr wohl die weitreichenden Folgen dieses Buches und der Illusion Madame de Staëls erkannt. Er erklärte, das Buch sei nicht französisch, und ließ es einstampfen. Das war hart, aber gerecht. Das Kaiserreich fiel, das Buch erschien von neuem, jetzt noch berühmter aufgrund einer Bestrafung, die man eine Verfolgung nannte, und Frankreich lebte mehr als dreißig Jahre lang kümmerlich von den Gedanken Madame de Staëls. Die Schriftsteller Frankreichs germanisierten sich. Sie pilgerten nach Deutschland, um sich zu vervollkommnen, wie die griechischen Philosophen nach Ägypten. Jetzt wissen wir, wie teuer es uns zu stehen kommt, Deutschland auf diese Weise gerühmt und gefördert zu haben! Undankbar, unversöhnlich, unterirdisch hat dieses unschuldige und gute Deutschland gegen uns gearbeitet. Während Madame de Staël für den Erfolg ihres Goethe sorgte, schmähte und verkleinerte Deutschland unseren Molière, den es nicht verstand… Es wollte mit Frankreich fertig werden. Ist es also nicht höchste Zeit für uns, auch mit ihm fertig zu werden? Ist es nicht wenigstens Zeit, mit weniger götzendienerischen Augen als den schönen der Madame de Staël das Genie Deutschlands, seine Leistungen, schließlich seinen Rang in der geistigen Welt zu untersuchen? Im Grunde ist es nicht Deutschland, das uns auf den Leim geführt hat… Dazu fehlt es ihm an Geist. Wir selbst sind uns auf den Leim gegangen. Wenn Frankreich sein Genie auf den Leim führt – was einem Genie nur selten passiert –, dann hat es damit wenigstens immer Erfolg!

Um auf Goethe zurückzukommen – die Speerspitze der deutschen Schriftsteller, die Madame de Staël in ihrem Buch so glänzend defilieren läßt und die ich der Kritik einer mit einem männlicheren Geist begabten Persönlichkeit zur Überprüfung empfehle –, um auf Goethe zurückzukommen und sicher zu sein, wovon wir sprechen, wollen wir zunächst feststellen, daß das Genie bzw. die hervorragendste Qualität des Genies die Spontaneität ist, der Überschwang, die Natur, die stärker ist als alles andere im Menschen und ihn beinahe mit Gewalt dazu bringt, seiner Berufung zu folgen, unwiderstehlich wie ein Instinkt. Es gibt große – sogar sehr große – kultivierte und überlegte Geister, die durch Fleiß und Willenskraft eine beträchtliche Entwicklung durchgemacht und ein beeindruckendes intellektuelles Format erreicht haben; aber sie sind keine Genies, sofern sie nicht diesen unbezähmbaren Überschwang haben, diese Spontaneität, die das Fingerschnippsen Gottes ist, mit dem er das Universum in Bewegung setzt. Nun, bevor wir uns mit den Details seiner *Werke* befassen, müssen wir klipp und klar sagen, daß Goethe nicht dieses Zeichen des Genies trägt, das mehr als ein Zeichen ist, da das Genie ohne es kein Genie ist. Goethe war niemals spontan. Buchstäblich keine Jugend. Seine Autobiographie gibt uns darüber hinreichend Aufschluß.

Verfolgt man die vertraulichen Mitteilungen in dieser Autobiographie, die keineswegs geschrieben wurde, um sich klein zu machen, so findet man, daß alles an diesem Mann Berechnung und Voreingenommenheit war. Meiner Ansicht nach handelt es sich mehr um einen Charakter als um ein Genie: Ein Charakter will immer das gleiche — ein Charakter im Sinne des Talents, wohlverstanden, denn im Sinne der Moral werden wir Goethe in dieser Studie erst noch zu beurteilen haben, und dann sollen Sie sehen, was er wog.

Mehr neugierig als inspiriert – und wäre er nicht von bloß gelehrter Literatur umgeben gewesen, wohl gänzlich uninspiriert – schreibt er in seinen *Tag- und Jahresheften* über das Jahr 1789: »Seit Sternes *unnachahmliche ›Sentimentale Reise‹* den Ton gegeben und *Nachahmer* geweckt (*sic*), waren Reisebeschreibungen fast durchgängig den Gefühlen und Ansichten des Reisenden gewidmet. Ich dagegen hatte die *Maxime* ergriffen, mich soviel als möglich zu verleugnen und das Objekt so rein, als nur zu tun wäre, in mich aufzunehmen.«[4] So bringt dieser Mann ohne Persönlichkeit von Anfang an mutwillig die seine zum Schweigen, und indem er ein Verfahren *a contrario* dessen, was er vielleicht für ein Verfahren Sternes hält, zu schaffen glaubt, ahmt er die Dinge nach, indem er sie umkehrt. Er wärmt sich den Rücken am Feuer der anderen. Die Beschreibung, die er in jener Zeit vom Karneval in Rom lieferte, entstammt weit eher dieser Arbeitsmethode als einem wahrhaftigen Eindruck. Das ist noch nicht alles. An anderer Stelle schreibt er: »Die Abneigung, die ich gegen das Sentimentale empfand, das Bedürfnis, mich mit einer Art Verzweiflung der unvermeidlichen Wirklichkeit hinzugeben, ließen mich im Reineke-Roman den geeigneten Stoff für eine zwischen Übersetzung und Umarbeitung schwebende Behandlung finden.«[5] In diesen beiden Worten sind zwei blitzartige Erleuchtungen enthalten. Die ganze Verfahrensweise Goethes steckt in diesen beiden Worten: Umarbeitung und Übersetzung. *Faust*, einer seiner größten Ruhmestitel, ist nichts anderes als das… Weit eher Gelehrter als Erfinder, war Goethe zeit seines Lebens nichts anderes als ein Übersetzer und Bearbeiter. Übersetzen, interpretieren, bearbeiten, Vorgefundenes verdrehen, um neue Effekte daraus zu ziehen, diese ganze mühselige Drechselarbeit offenbart mehr den Fleiß eines gebildeten Laien als den Schwung und die mitreißende Energie des Genies. Neugier, unstillbare Neugier ist das besondere Zeichen, das *Charakteristikum* Goethes, der Stempel seiner Physiognomie. Er ist neugierig wie aus Profession. Er ist es bis zur Gimpelhaftigkeit. Vom Scheitel bis zur Sohle war er ein Gimpel!

Aber durch einen merkwürdigen Widerspruch vertrug sich der Gimpel bei ihm mit dem Diplomaten und dem Theaterdirektor, den beiden Berufen auf der Welt, bei denen es am meisten auf das Ergebnis und den Erfolg ankommt. Wie sie hatte er weniger das Werk selbst im Sinn als ein Arrangement nach dem Geschmack und zur Bezauberung des Publikums. Er wurde Schauspieldirektor und paßte sich vollkommen an diese Funktion an. Das

Spektakel zog ihn dermaßen an, daß er um 1791 mehr der Oper als dem Drama zuneigte, und seine Übersetzung von Shakespeares *King John* kam erst nach einem Versuch als Oper an das Hoftheater. Auch Molière widmete sich, wenngleich erst später und eher aus Schicksal denn aus Neigung, dem Beruf eines Theaterdirektors; aber bei ihm sog das Genie den Arrangeur auf, während Goethe eine zu kalte Begabung hatte, um jemals zu vergessen, daß er einer war.

Und das führt uns ganz von alleine zu seinen Theaterstükken. Mit ihnen werden wir die Betrachtung dieses Mannes beginnen, der, wenn er auch nicht ganz der bedeutende Mann ist, für den man ihn hält, dennoch eine *gewaltige* Persönlichkeit ist, denn er ist aufgebläht wie eine riesige Seifenblase durch die allgemeine Lobhudelei. Goethe, dieser Neugierige, der alles ausprobiert hat, der alles sein wollte und für alles gehalten worden ist – was in seinem Bewußtsein die Hauptsache war –, kann nur scheibchenweise auseinandergenommen und serviert werden, wie die schönen Kürbisse und Melonen. Da er abwechselnd und in gleicher Weise dramatischer und lyrischer Dichter, Romancier, Historiker, Reisender, Kunstkritiker, Philosoph, Naturforscher, Musiker, Botaniker, Zeichner und Chemiker war, da er nahezu alle Sparten des menschlichen Geistes durchmessen hat, ist Goethe ersichtlich nicht aus einem Guß, und sein Werk hat zu viele Seiten, als daß wir sie nicht voneinander absondern müßten, um sie zu beurteilen… Das größte und schönste der Stücke, die das Mosaik Goethes formen, jenes, das er selbst vielleicht am höchsten schätzte – wenn sein durch lebenslanges, unverhältnismäßiges Glück geblendeter Stolz ihn nicht in die kleinsten Krümel seiner Produktion verliebt gemacht hätte, als seien es Hostien –, waren gewiß seine Theaterstücke. Wir werden uns also zunächst seine Theaterstücke vornehmen, um über sie Gericht zu halten. Der lyrische Dichter, der Romancier, all die anderen Goethes, die in Goethe stecken, werden in dieser Arbeit erst nach dem Dramatiker ins Blickfeld treten; aber keiner soll ausgelassen werden in dieser Analyse, in dieser Zerlegung des gesamten Menschen, und wenn sie vollbracht ist, werden wir sehen, was im Schmelztiegel übriggeblieben ist.

Die Theaterstücke

Und außerdem, welches auch immer die spezielle Meinung Goethes über seine Theaterstücke gewesen sein mag, die Theaterstücke sind nach der übereinstimmenden Meinung ganz Europas an die erste Stelle seiner Werke gerückt worden, und das am meisten bewunderte, das aufsehenerregendste unter ihnen, war *Faust*. Deutschland, und nur Deutschland, hat aus eher nationalen als literarischen Gründen *Faust* unter den *Götz von Berlichingen* gestellt. Aber die Ansichten Deutschlands sind uns gleichgültig. Nun, *Faust*, das Meisterwerk Goethes, das nicht seinem Kopf entsprungen, sondern über andere, erfinderischere Köpfe in den seinen hineingelangt ist, ist nichts anderes (und da sage ich nichts Neues) als die legendäre Schöpfung des fünfzehnten Jahrhunderts, wie sie schon der energische Marlowe mit seiner starken Hand geformt und umgeformt hat; und nie war die Gelegenheit passender, das schon zitierte Wort Goethes auf ihn anzuwenden: Übersetzung und Bearbeitung! Dieser gewaltige literarische *Schuhflicker* hat die alten *Fäuste* hergenommen und sie umgestaltet, um seinen eigenen daraus zu machen, er hat sie, man kann nicht sagen: in die Form Shakespeares gegossen, denn Shakespeares Form ist nicht konkret — und genau da kommt der unermeßliche Shakespeare an die Grenzen seines Genies. Mit seiner Detailüberladenheit und dem Wirbel von Szenen, die ohne inneren Zusammenhang aufeinander folgen, allein für die Augen gemacht, ist Goethes *Faust* eher eine Oper als ein Drama.

Ein Drama muß seine Logik haben, auch für die Augen. Es verlangt nach einer wie auch immer gearteten Ordnung. Aber der *Faust* besteht nur aus einem unzusammenhängenden Wust ohne jedwede Art von Komposition, aus lebenden Bildern – wenn sie denn leben –, und über diese Tableaux, die einander folgen, aber sich nicht erzeugen, ist dann eine mediävistische Gelehrtheit gegossen. In Wahrheit erweckt *Faust* den Eindruck einer Laterna Magica, wie übrigens auch der *Götz von Berlichingen*; auf den *Faust* freilich trifft das in allerersrter Linie zu, aufgrund des Sujets selbst, das sich noch weit mehr für die Bilderfolge eignete, die Goethe in seiner Galerie feilbietet. Letzten Endes gleicht er in allen Einzelheiten dieses Stücks einem Fenstermaler. Er atmet darin sein Deutsch, wie es vor dem Protestantismus war, und dieser üble Geruch dient ihm als Parfum. Wenn man inmitten aller Synkretismen von Goethes Denken, der sich in seinen Memoiren rühmt, sich dreimal vom Katholizismus befreit zu haben, noch ein paar poetische Atome findet, so verdankt er sie diesem Katholizismus, der stärker als alles andere ist, der trotz allem noch in dieser eiskalten Brust klopft, die von fühllosen Dummköpfen für die eines Gottes gehalten wird, weil gar nichts darin schlägt... Er verdankt sie nicht seinem eigenen Genie, sondern dem Genie seiner Rasse, und das ist noch das beste, was einem passieren kann, wenn man nicht in der Lage ist, über sich selbst hinauszuwachsen: das Genie seiner Rasse zu haben. Goethe ist da keine Ausnahme. Er erlangt in *Faust* nur dann eine *relative* Überlegenheit, wenn er deutsch ist und sich innerhalb der engsten Grenzen der deutschen Tradition hält, und wenn er sich freimütiger in sie eingeordnet und eine durchlässigere Seele gehabt hätte, so hätte er Wirkungen von einer Schönheit gewinnen können, die sich der Skeptizismus seines Geistes und seines Herzens wohl nicht träumen ließ. In den Windungen seiner Philosophie verkrümmt liegend, ist Goethe keineswegs die Schlange des Naturalismus; er ist dessen Schnecke. Wenn Faust Gretchen von Gott spricht, kommt in *Faust* das Erhabene des Naturalismus zum Vorschein; aber es hätte des *Aller-Erhabensten des Übernaturalismus* bedurft. Gewiß! Die Einfalt Gretchens, die Faust einfach fragt: »Nun sag, wie hast du's mit der Religion?« ist berührend; aber wenn Goethe das Christentum nicht, wie es protestantischer Brauch ist, einzig in seinen äußerlichen Formen, sondern so wie es ist, also in der ganzen Tiefe seines anbetungswürdigen Wesens dargestellt hätte, so hätte man den Unterschied zwischen dem realen Goethe und dem Goethe, der möglich gewesen wäre, gesehen. Man hätte die Erhabenheit eines Polyeucte[6] zum Vorschein kommen sehen. Corneille ist Goethe überlegen, weil er Corneille ist, aber er ist ihm auch überlegen, weil er ein Christ ist, und das ist noch entscheidender.

Und tatsächlich sind es ihr naiver Glaube und ihre religiöse Furcht, die aus Gretchen jene Gestalt machen, die sich einem für immer einprägt, wenn man sie einmal vor sich gesehen hat. Sie betritt die Bühne mit einem Gebetbuch in der Hand und stirbt in der Kirche aus Gram über ihre Sünden… Arme Heilige, die nicht zur Vollendung gelangt ist, gepflückt, besudelt und befleckt schon in ihrer Blüte… Für sich selbst genommen ist Gretchen trotzdem nichts Besonderes. Als Typ war sie nicht schwer zu finden, sie war keine Entdeckung, keine Offenbarung. Nein! Sie ist das primitive junge Mädchen, flüchtig erspäht an der Oberfläche der menschlichen Natur, das elementare Wesen, aus dem die Frauen aller Gesellschaften und Zivilisationen gemacht und geformt sind. In Goethes Werken ist immer nur dieser eine Typ Frau lebendig und wahr. Alle seine Mädchengestalten sind Gretchens. Der Wortwechsel zwischen Lieschen und Gretchen am Brunnen zeigt nur zu deutlich, daß Gretchen ein Lieschen vor dem Fall ist und Lieschen nach ihm ein Gretchen wäre. Die ganze Tiefe dieser pathetischen Mädchengestalt, die sonst eine vulgäre kleine Magd wäre, die elementare Frau, die es überall gibt, ja, ihre ganze Tiefe und ihr ganzer Zauber stammen aus diesem besagten ungewollten Rest an Katholizismus, den es im Geist Goethes gibt. Die letzte Szene seines Schauspiels, die Szene in der Kathedrale (nebenbei gesagt, die schönste von allen), ist ebenfalls dieser Ordnung von Tatsachen entlehnt, die Goethe erhöht und, indem sie ihm ihre Größe leiht, zeigt, wie klein er selbst von Natur aus ist, dieses literarische Chamäleon, das die Farbe jeder Umgebung annimmt, die es durchmißt. Das Kultivierte, allzu Kultivierte an Goethe, der niemals mehr als kultiviert ist, zeigt sich allenthalben in seinen Reminiszenzen an Shakespeare. Gretchens Wahnsinnsszene ist bewegend, aber selbst da gibt es noch einen verirrten Strahl von Ophelias Wahn — und dieser hartnäckige Imitator imitiert nicht nur Shakespeare, er vergreift sich selbst an Dante, indem er seine Feinde zum Hexensabbat schickt, wie Dante die seinen in die Hölle!

Wir dürfen auch nicht vergessen, daß von allen Figuren im *Faust* Gretchen die einzige erfundene und von Goethe selbst stammende ist. Die anderen waren alle schon da, sogar Mephistopheles, der nichts anderes ist als der Mephistopheles aus dem Volksbuch. Es sei übrigens hinzugefügt, daß all diese Figuren eher Marionetten als Charaktere sind. Kein Wunder, da Goethe doch, willentlich und von Natur aus, die Dinge nie anders als von außen her betrachtet… Goethe ist viel mehr Auge als Gehirn, und er rühmt sich dessen noch. Von Feinschmeckern sagt man, daß bei ihnen die Augen größer seien als der Magen; bei Goethe sind sie größer als der Verstand. Was die Figur des Mephistopheles betrifft, jenes *Deus ex machina* des *Faust*-Dramas, bei dem nicht einmal der Name von Goethe stammt, so fehlte ihm sichtlich die Kraft, ihn zu formen. An diesem Sujet ist Goethe gescheitert. Der Teufel hat Goethe jenen Tritt in den Bauch versetzt, den er einst, wie man sagt, vom Erzengel Michael erhielt. Abgesehen von zwei oder drei Zügen in zwei oder drei Unterhaltungen ist der Mephistopheles in Goethes *Faust* keineswegs die große Teufelsgestalt, als die man ihn hat sehen wollen. Fragen Sie mal die Kenner in Sachen Teufel! Das ist doch nur ein deutscher Teufel. Und wenn man bedenkt, daß Goethe, dem Arrangeur, diese ganze Heerschar von Dämonen zur Verfügung stand, um sich anregen zu lassen: Jago, Lovelace, Tartuffe, Don Juan, Valmont, Miltons Satan und Byrons in seiner *Vision des jüngsten Gerichts*, alle Dandies der Erde, Voltaire im *Candide* und Talleyrand[7] während der ganzen achtzig Jahre seines Erdenlebens, dann wundert man sich, daß Goethe, der doch sonst alle Eier beklopfte, um vielleicht etwas Brauchbares mitzunehmen, an diese Eier nicht geklopft hat, die ja wahre Straußeneier sind, und uns nichts Besseres geboten hat als seinen mageren und hüftlahmen Oberteufel, der auf die wache Einbildungskraft, falls sie sich eine geeignete Vorstellung vom Teufel macht, wie ein Kammerdiener aus einer Schmierenkomödie wirkt — ein Kammerdiener der Hölle, erdrückt von dem Namen Mephistopheles, den der Lümmel zu tragen wagt!

Das ist, kurz gesagt, Goethes *Faust*, das Stück, das die Sensation, die literarische Krupp-Kanone seiner Erscheinungszeit war. Byron selbst, der große Byron, ein ganz anderer Dichter als Goethe, ein Dandy, der nicht vielen Dingen seine Bewunderung schenkte, bewunderte ihn so sehr, daß er dem Autor des *Faust* seinen *Manfred* widmete und ihn mit allzuviel Respekt sein Vorbild und seinen Meister nannte. Um sich von der Bewunderung Byrons nicht allzusehr beeindrucken zu lassen, kann man sich in Erinnerung rufen, daß der große Dichter als Kritiker nicht viel taugte, daß er Pope Shakespeare vorzog und seine eigene scheußliche Horaz-Paraphrase seinem *Childe Harold*. Nun, wenn nach dem Maßstab, den wir genommen haben, der *Faust* weiter nichts ist, als was ich geschildert habe, dann können wir uns im voraus denken, wie es mit den anderen Stücken Goethes aussieht, die dem Vernehmen nach unter ihm stehen sollen!

Und das werde ich Ihnen zeigen.

Götz von Berlichingen – Deutschlands Lieblingsstück aus dem Werk des Mannes, der Europas Lieblingsdichter war in einer Zeit, da doch Byron, Walter Scott und Chateaubriand lebten – *Götz von Berlichingen* ist vom Wesen seines Sujets her mehr als *Faust* Goethes Eigentum, läßt aber in den Details, die bei einem Kunstwerk alles sind, keine größere Originalität erkennen. Originalität ist Goethes Sache nicht, er läßt sich immer von jemandem inspirieren. Der *Götz* ist nicht übersetzt, das ist wahr, aber er ahmt Shakespeare nach. Wie bei *Heinrich IV.*, *Heinrich V.*, *Heinrich VI.* und *Richard III.* handelt es sich beim *Götz von Berlichingen* um ein Historiendrama. Goethe, dieser träge Prahlhans der Laster seines Geistes, hat nicht aufgehört zu wiederholen, daß er die Geschichte verachte. Shakespeare verachtete sie nicht. Er kannte sich mit ihr nicht aus, aber er erriet sie durch die seinem Genie eigene Intuition. Und die Figuren seiner Dramen sind von äußerster Wahrhaftigkeit, sowohl in bezug auf die Historie als auch in bezug auf ihre Intensität. Goethe hat weder diese Tiefe noch diese Intensität. Sein *Götz* ist historisch exakt, aber plan, um nicht zu sagen platt, oberflächlich, fast linear; und seine Figuren, die ganz an der Oberfläche bleiben, verlangen vom Schauspieler nicht diese Gabe der

Durchdringung, die sich einer Person bemächtigt und sich bis in ihre Eingeweide versenkt.

Götz von Berlichingen, Goethes Held, ist nicht mehr als ein feudaler Don Quixote, voll ritterlicher Bonhomie, rund vor soldatischer Gemütlichkeit und freigebig, mit der offenen Hand eher als mit der eisernen. All das ist schnell und leichthin gezeigt, und die anderen Figuren, die ihn umgeben, sind ihrer Natur nach nicht komplizierter als Götz. Nur handeln in diesem Drama alle – wie soll ich sagen? –, als ob sie auf Rollen liefen. Man hat nicht den Eindruck, daß die Handlung von der Stelle kommt. Möchten Sie ein Beispiel haben? Götz – wie ein Einfaltspinsel übrigens – stellt sich *augenblicklich* den Mordbrennern zur Verfügung, die ihn *augenblicklich* behandeln wie die Halunken ihren Anführer, indem sie ihn vor sich her schieben, statt ihm zu folgen und zu gehorchen. Weislingen entbrennt *augenblicklich* für Maria (die Schwester Götzens), dann faßt er sich wieder, um *augenblicklich* für Adelheid zu entbrennen, die sich *augenblicklich* in ihren Pagen Franz verliebt und ihn *augenblicklich* bedrängt, er solle unverzüglich Weislingen töten, der inzwischen ihr Mann geworden ist. Und all diese Wechsel finden statt ohne zwischen ihnen vermittelnde Entwicklungen, welche die Schnelligkeit der Handlung und ihre Peripetien erklären könnten, sie überschlagen und überstürzen sich in Szenen, die hin und her springen, denn keine von ihnen ist mit der anderen verbunden. Mehr denn je lenkt hier der Opernmacher Goethe, und er lenkt ihn in einem Ausmaß, daß er in diesem berühmten *Götz von Berlichingen* kaum mehr als die Marionette eines Dekorateurs ist. In keinem dramatischen Werk hat es meines Wissens etwas Ähnliches gegeben. Wie im Kindertheater wechselt der Schauplatz der Handlung in jeder Szene, oder besser gesagt, in jedem Szenchen, denn es gibt Szenen von (ich habe gezählt) nicht mehr als sechs Zeilen Dialog zwischen zwei Umbauten. Man könnte meinen, das Drama sei von der Tarantel gestochen worden, so sehr springt es hin und her in einem Veitstanz besonderer Güte, der die dramatische Kunst ergriffen hat.

Shakespeare, den man immer vor Augen haben muß, wenn man sich mit Goethe beschäftigt, weil er ihn in einem klareren – allerdings unbarmherzigen – Licht erscheinen läßt, Shakespeare, ohne den Goethe als Theaterdichter nicht existiert hätte, hat, wie gesagt, den schwerwiegenden Fehler, daß es seinen Dramen an innerem Zusammenhang mangelt: Das ist der Sonnenfleck dieser Sonne. Aber wenigstens stattet er diese unzusammenhängenden Szenen opulent aus, und die Spannung oder die Leidenschaftlichkeit der Situation ist so ergreifend oder so bluttriefend, die Figuren wirken so magnetisch, daß man weder die Zeit noch die Kaltblütigkeit hat, sich bewußt zu werden, daß es dem Ganzen an Sinn mangelt und daß die Bilder unlogisch aufeinander folgen, ohne wirklich begründet zu sein. Bei Goethe hingegen ist man davon völlig schockiert... Merkwürdige, aber unvermeidliche Folge: Während man Goethe liest, lernt man die Literatur mit den drei Einheiten wieder schätzen, über die man sich vor dreißig Jahren so lustig gemacht hat. Goethe lehrt uns, ohne es zu wissen oder zu wollen, ich will nicht gerade sagen den Respekt vor Corneille – den hatten wir nie ganz verloren –, sondern sogar noch vor dem Abbé d'Aubignac[8]! Es besteht kein Zweifel, daß im klassischen Theater ein Bedürfnis nach Ordnung, nach *lucidus ordo*, nach Verknüpfung und Gliederung bestand, das die selbstherrlichen Anhänger der romantischen dramatischen Literatur nie empfunden haben, so sehr hielt sie die Anarchie in ihrem Bann. Im übrigen hat das klassische Theater Meisterwerke geliefert, während das Beispiel der Stücke Goethes – mit seiner Wut, alles zu sehen, aber nicht mit den Augen des Geistes, sondern den *Augen des Kopfes* – zeigt, daß das romantische Theater auf seine Meisterwerke erst noch warten muß.

Götz von Berlichingen ist also, trotz der gegenteiligen Meinung *Deutschlands*, nicht das verdienstvollste Werk Goethes. Unserer Meinung nach, denn wir wollen ja gerecht bleiben, sogar Goethe gegenüber, ist ihm die Gestaltung eines historischen Nebenschauplatzes im *Egmont* besser geglückt als im *Götz*. Hier war das Sujet stärker als die Ressourcen seines Geistes. *Egmont* ist, so teilt er uns mit, eine Tragödie in Prosa — was, nebenbei gesagt, diese Tragödie um den ganzen Abgrund, der sich zwischen Prosa und Versen auftut, herabmindert. In Frankreich hatte La Motte, der lächerliche La Motte-Houdar[9], schon vor Goethe die Idee zu einer Tragödie in Prosa. Denn der gelehrte Goethe kommt nicht von selbst auf etwas, nicht einmal auf etwas Falsches oder Schlechtes. Aber lassen wir das.

Schon von der szenischen Einrichtung her besser koordiniert und mit Szenen von einem längeren Atem, obwohl die Szenen auch hier eher auf das Sujet *aufgeklebt* als aus ihm *entwickelt* zu sein scheinen, ist *Egmont* auch durch den Hintergrund des Sujets interessanter als *Götz von Berlichingen*. Das Deutschland der Zeit Götz von Berlichingens ist so konfus, der Bauernkrieg wird in Goethes Drama so wenig und aus einem so schiefen Blickwinkel gezeigt (und gerade er mit seinen schrecklichen Grausamkeiten wäre großartig auszumalen gewesen, wenn Goethe wirklich tragisches Genie gehabt hätte), die Beziehungen zwischen den Reichsadligen und dem Kaiser sind so unbestimmt, daß ein Talent mittleren Ranges – und mehr kann nicht zugestanden werden, sofern man nicht in den Tanz einfallen will, der in Deutschland derzeit zu Ehren Goethes aufgeführt wird – sich weniger in seinem Element fühlen mußte als in *Egmont*. Von Klärchen abgesehen, um die sich letzten Endes alles dreht, ist keine einzige Figur wirklich von Goethe in dieser Tragödie in Prosa, die nichts anderes ist als ein Defilee von längst bekannten Personen und Ereignissen, ein historischer Wandteppich. Die Figuren erreichen nicht einmal alle ihre natürliche Größe. Das Auge Goethes, auf das er so stolz ist, ist manchmal wie das Augenglas des Kurzsichtigen: Es verkleinert, was er sieht, und das ist eben seine Art, es zu sehen… Der Herzog von Alba in seinem Stück ist nicht auf der Höhe des großen historischen Herzogs von Alba. Kann es verwundern? Goethe ist gottlos, aber Protestant; in seiner *Italienischen Reise* nennt er sich zynisch einen »protestantischen Diogenes«[10]. Wie hätte er also den Herzog von Alba begreifen können in der strengen Schönheit seines spanischen Katholizismus? Es war unmöglich. Auf der anderen Seite las Goethe, der Verächter der Geschichte, in ihr nur das, was er zum Tragödienschreiben brauchte. Egmont ist besser getroffen als der Herzog von Alba; er ist wahrer... Er ist ein Charakter à la Götz von Berlichingen, einer dieser reizbaren Charaktere, die sich dem Auge Goethes immer wieder aufdrängten, geschaffen, die Menschen und die Dinge nur von außen zu sehen, die sich aber in den Zwielichtigkeiten der menschlichen Natur und im Helldunkel des Lebens nicht zurechtfinden.

Was Klärchen betrifft, so ist sie trotz des ein oder anderen Zugs naiver Anmut und hübscher weiblicher Schwächen stets die elementare Frau, die Frau ersten Grades, von der schon die Rede war und die Goethe überall aufpflanzt. Sie ist das Gretchen aus dem *Faust*, in einem anderen Kostüm und einem anderen Stand. Sie ist ein junges deutsches Mädchen; nur eben in Belgien. Goethe, dieser armselige Sultan des Intellekts, hat immer nur diese eine Frau im ganzen Serail seiner Werke. Dennoch hätte er, wenn er sich auf sie konzentriert hätte, größeren Vorteil aus ihr gezogen als in seinem *Egmont*. Als sie verzweifelt, ist sie nur noch schwülstig, und er tötet sie, um sie in eine Opernmaschine zu verwandeln. Der Dämon der Oper, dieser Mephisto Goethes, hat ihm seine Tragödie im interessantesten Augenblick des Stücks vermasselt. Die Vision Egmonts, dem Klärchen im Gefängnis erscheint, umgeben von Engeln, die ihn in den Himmel leiten wollen, ist von einer Plumpheit und einem theatralischen Materialismus, die Madame de Staël nicht entgangen sind, dieser geistvollen Frau, die neben der Fähigkeit, sich zu begeistern, auch ein Gefühl für das Lächerliche hatte — glücklicherweise für sie! Hat sie nicht über den lächerlichen Schluß dieser *Egmont*-Tragödie gesagt: »Das Stück endet nicht, es verdampft...«?

Und hier möge es uns erlaubt sein, bei diesem wichtigen Punkt zu verharren, um über Goethe zu urteilen. Steril trotz des Anscheins der Überfülle, wie übrigens viele Schwätzer, ist Goethe in bezug auf Frauen von radikalster Unfruchtbarkeit. Man kennt die Bedeutung der Frau in den Werken genialer Männer. Die Frau ist die Quelle der menschlichen Leidenschaft, ob sie diese nun selbst empfindet oder einflößt. Sie atmet sie immerzu. Die Werke genialer Männer sind erfüllt von der Frau, aber – vergessen Sie das nicht! – von der Frau in ihrer wunderbaren Vielfalt, im ganzen Reichtum ihrer verschiedenen Typen. Das Genie genialer Männer steht sogar in einem Verhältnis zur Zahl der Frauen und der Frauentypen, denen man in ihren Schriften begegnet. Zählen Sie die Frauen, um nur von den modernen Schriftstellern zu reden, bei Byron, bei Balzac, der so viele von ihnen porträtiert hat, und bei Walter Scott, dem man zwar oft vorgeworfen hat, seine Frauengestalten seien kalt, der sie aber in ihrer Kälte wenigstens nicht gleich gemacht hat. Goethe dagegen hat nur eine, und das ist Gretchen… Von seinen Dramen wechselt sie in seine Romane, seine Gedichte: Sie ist die Charlotte im *Werther*, die Dorothea in *Hermann und Dorothea*, sie ist Lili, Ottilie, sogar Mignon, denn Böhmen liegt in Deutschland; aber sie ist, obwohl verfälscht, umgemodelt, verziert und verkleidet, dennoch deutlich sichtbar immer Gretchen. Sie folgt ihm, sie verfolgt ihn, sie drängt sich ihm auf, und er setzt dieses immergleiche Antlitz überall ein, wo es um die Liebe geht, dieser bedürftige Monogamist! Goethe ist nicht fähig, eine Italienerin oder eine Französin zu schaffen, unter seiner Feder verwandelt sie sich augenblicklich in eine Deutsche, die einzige Frau, die Goethe, der ja doch gereist ist, je zur Kenntnis genommen hat.

Wie ein Fremdkörper steht sie da im französischen Sujet des *Clavigo*, das Goethe, der ewige Arrangeur, nach den *Memoiren* Beaumarchais'[11] als Tragödie zugeschnitten hat. Er berichtet uns, daß er die Idee zu *Clavigo* nach der Lektüre dieser glühenden *Memoiren* gehabt habe und – wohl, um sich der Schwierigkeit zu rühmen – daß er das Stück in acht Tagen Lili[12] zuliebe geschrieben habe… Der Galan! Voltaire hat *Zaïre* in zweiundzwanzig Tagen geschrieben, ohne an die Schwierigkeit zu denken, und er stieg von den Gipfeln der Inspiration herab. Was die Schwierigkeiten betrifft, so hat Goethe, dieser literarische Monsieur Sans-Gêne[13], der nicht von den Gipfeln der Inspiration herabsteigt, sondern sie mühsam erklettert, es sich mit ihnen leichtgemacht, falls er sie überhaupt empfand, indem er ganze Seiten von Beaumarchais abgeschrieben und in sein Stück hineingepappt hat, wo sie unter dem Rest des Werkes mit seinem kalten und rhetorischen Stil grausame Verheerungen anrichten. Gewiß! Wenn es jemals unterschiedlichere Menschen und gegensätzlichere Geister gegeben hat, dann waren es Beaumarchais, die Mensch gewordene Flamme des Geistes, leidenschaftlich bis in die Spitzen seiner schönen Haare, die schön waren wie diejenigen Mirabeaus – so daß sich die beiden Samsons des achtzehnten Jahrhunderts in diesem Punkte ähneln –, und Goethe, diese *Leseratte*, dieser Papierkratzer und Papierzuschneider Goethe, der aus den *Memoiren* eine Tragödie herauspräparierte, die dort dramatischer geblieben ist als in seiner Tragödie. Alles an dieser Tragödie ist von Beaumarchais, nur die Seele und der Geist Beaumarchais' fehlen. Aber kann man es fassen, daß Goethe, erhitzt von Beaumarchais, bei seinem Meister kein treffendes Wort gefunden hat, das er ihm selbst in den Mund hätte legen können, um ihm ein Denkmal zu setzen? Nichtsdestoweniger muß man einräumen, daß es in *Clavigo* ein paar Dinge gibt, die unglücklicherweise von Goethe sind: zum Beispiel die Auflösung mit großem melodramatischem Tamtam, übersetzt, bearbeitet und verschandelt nach dem Vorbild von *Romeo and Juliet*. Goethe hatte von allen Begabungen, die ein Theaterschriftsteller aufweisen kann, die niedrigste. Er hatte, was man die melodramatische Begabung nennen kann, und er hat sich ihrer im Widerspruch zu seiner Erinnerung an die Meisterwerke bedient. Was in *Clavigo* wirklich von ihm ist, wie eine Sache bei diesem Meister der ungenierten Anleihe eben von ihm sein kann, ist die Szene, in der Carlos von der Seele Clavigos wieder Besitz ergreift, wie in *Britannicus*[14] Narziß von der Seele Neros; sie ist um so mehr von ihm, als Carlos ein Mondschein-Mephisto, ein Mephisto von bescheidener Größe ist. Komisches Ergebnis der Gewohnheiten seines Geistes: Weil er immerzu alles übersetzt, imitiert und bearbeitet, kommt Goethe dahin, sich selber zu übersetzen und zu bearbeiten! Dieser Mann, der von der Verblendung der umfassendsten Bewunderung, die es je gegeben hat, für einen Schöpfer gehalten wurde, ist nichts als ein kolossaler Trublet[15] ohne die Epigramme Voltaires. Er kompilierte, kompilierte, las viel und erfand nichts, wie Trublet. Niemand liebte es wie er, sich immer wieder den Boden unter den Füßen wegzuziehen, sich zu plagen, sich auseinanderzunehmen und wieder neu zusammenzusetzen. Das nannte er *Kunst*. Er hatte, wenn es darum ging, seine Werke umzuarbeiten, die Geduld eines Insekts, das einen Strohhalm mit sich schleppt oder einen Gang in die Wandvertäfelung bohrt. Aber dem Insekt ist die Geduld eigentümlich. Das Genie hingegen ist ungeduldig; und mit einem Flügelschlag macht es allem ein Ende.

Und wenn Sie Ihren Goethe recht verstehen wollen, wenn Sie sich von dem Wahn befreien wollen, in dem man Sie bisher eingewickelt hat, verlieren Sie sein Verfahren nie aus dem Auge, dieses Verfahren, das aus Nachforschung, Untersuchung und Überarbeitung besteht, das ihn erklärt und verfolgt, wie das Gretchen. Hört mir auf! Es ist immer das gleiche mit diesem Mann… Nach *Faust*, *Götz von Berlichingen*, *Egmont* und *Clavigo*, die alle vier, wie Rabelais gesagt hätte, unter reichlicher Benutzung von Spekuliereisen geschrieben wurden, hat er im gleichen Genre noch *Torquato Tasso*, *Iphigenie auf Tauris* und *Stella* produziert, und die sind noch weniger ausgedacht. Der *Torquato Tasso* ist sicher nicht der historische Tasso, aber ist er eine Schöpfung Goethes? Wenigstens ein Funke seines Geistes? Ein Gedanke? Nein! Es ist Rousseau, von dem die Welt voll war zu der Zeit, als Goethe schrieb, und von dem sie, wie in dem griechischen Lied, hätte sagen können: »Du hast mich angespuckt, und ich bin davon vergiftet!«[16] Es ist Rousseau, der durch das doppelte Bad des schwachsinnigen Platonismus der italienischen Renaissance und des deutschen Idealismus gegangen ist. Was *Iphigenie in*

Tauris betrifft, dieses von allen Pedanten, die sich im Pedanten Goethe wiederfinden, so gerühmte Stück, so ist es – Hand aufs Herz! – nichts anderes als eine Imitation des griechischen Theaters, aber eine Imitation, die ihm nicht mehr ähnelt als ein Schneemann, der unter den Sonnenstrahlen schmilzt, einer Marmorstatue! Schließlich ist da noch *Stella* – und hier scheint der Muskel, der bei Goethe das Herz ersetzte, ein erstes und einziges Mal gebebt zu haben –, *Stella* ist die Leidenschaft, verdorben durch die Metaphysik und die Quintessenz, den Epikureismus des Gefühls, der immer noch ein Epikureismus ist, also eine niedrige Sichtweise, eine Inspiration ohne Transzendenz und ohne Größe, *Stella* entstammt der Ausschlachtung *Werthers* und endet wie dieser mit einem Selbstmord, nur bringt der Liebende sich nicht deshalb um, weil eine Frau ihn nicht liebt, sondern weil er von zweien geliebt wird; *Stella*, *Torquato Tasso*, *Iphigenie* sind *komponiert*, zusammengesetzt worden mit Hilfe des Gedächtnisses, der Forschung und Überarbeitung sowie des Hintüpfelns und Sträußeflechtens, welches die üblichen Verfahren Goethes sind — zweifellos nicht ohne Wert in ihrer Art, nur ist das nicht die überlegene Art des Genies. Und welche Kälte haben diese Verfahren nicht in die Werke Goethes gebracht! Aber da die Kälte in der Literatur bald die Langeweile zur Folge hat, erhebt sich hier gebieterischer denn je die schon zu Anfang dieser Studie gestellte Frage und verlangt nach einer Antwort:

Kann ein Genie langweilig sein?

Ist sein Zeichen – was sage ich? – ist eines seiner Zeichen die Langeweile? Oder ist die Langeweile sein Tod, sein Ausschlußgrund, seine radikale Verneinung? *Torquato Tasso*, *Iphigenie* und *Stella* gehören zu diesen diluvianischen Ergüssen von Langeweile, denen selbst der abgehärtetste Leser nicht mehr standhalten kann. Er löst sich in ihnen auf und behält dabei noch das Bewußtsein der Langeweile, die ihn ertränkt und ihn umbringt, ohne ihn umzubringen. Die Langeweile kommt von der Abwesenheit des Lebens. Würde man intensiv leben, man langweilte sich nicht. Aber genau das ist das Ärgerliche an diesem großen Goethe: Er hat nicht die Macht, uns *intensiv leben zu lassen*. Er läßt sogar diejenigen kalt, die ihn bewundern; sie geben es zu und bewundern ihn weiter. Er läßt kalt, weil er selber kalt ist, kalt wie seine Technik, und das trotz der glühendsten und leidenschaftlichsten Worte, wie in *Stella*, wo stets die Langeweile durchsickert, diese mysteriöse und unerklärliche Langeweile, die uns zwischen manchen annehmbaren und nur relativ schönen Stellen überkommt, wie sie Goethe durch Fleiß und Anstrengung in den meisten seiner Werke gelungen sind, und für manche seiner Anhänger wird sie so unerträglich, daß selbst die fanatischste Bewunderung irre wird, und das Buch fällt ihnen aus der Hand.

Fassen wir diesen Teil unserer Arbeit zusammen. Dies sind, im Ganzen und im Detail besehen, die besten Theaterstücke, die Blüten im dramatischen Strauß Goethes: *Faust*, *Götz von Berlichingen*, *Egmont*, *Clavigo*, *Torquato Tasso*, *Iphigenie* und *Stella*. Ich habe weder den *Faust* von 1833 (die *Entführung Helenas*) noch die *Natürliche Tochter* hier aufgezählt. Ich habe Goethe die Ehre erwiesen, sie zu verwerfen… Der *Faust* von 1833 ist nicht einmal ansatzweise zu verstehen. Man begreift nicht, wie Goethe sein ganzes Leben lang eine solche Masse an mythologischem Kinderkram in sich aufnehmen konnte, um sein Alter damit zu vertun, sie der menschlichen Gattung ins Gesicht zu rülpsen. Das ist ein Geschwätz ohne jedes Maß. *Die Natürliche Tochter* ist eine andere Verirrung Goethes, in dessen Kopf neben vielen anderen auch ein wenig die Erinnerung an Diderot rumorte. Die Unverständlichkeit in Falschheit und Pomp, die darin regiert, ist nicht zu überbieten. Was will er mit diesem Stück sagen, dessen Idee so dunkel und dessen Auflösung so peinlich und platt ist, daß der wakkere Monsieur Porchat[17] (man kennt ja die Redlichkeit der Übersetzer gegenüber ihren Autoren) in einer Fußnote völlig kopflos und demoralisiert schreibt, daß Goethe *möglicherweise eine andere Auflösung im Sinn gehabt* (wie will er das wissen?), *sie aber nicht niedergeschrieben* habe… Das sieht man ja.

Lassen wir diese Narreteien eines peinlich berührten Verehrers beiseite. Haben wir nicht schon genug gehört, um das tragische Genie des großen Goethe würdigen zu können…? Wir müssen uns nun mit seinem komischen Genie befassen, denn Goethe hielt sich für eine Doppelbegabung. Der ambitionierte Tausendsassa in ihm versuchte sich auch an der Komödie, und er legte seine deutsche Tatze an dieses Genre wie ein Bär die seine an eine Filigranarbeit. Nun, was ein Komödienschreiber oder -dichter vor allem braucht, dringender sogar als Tiefgang, den er auch haben muß, sind Geist und Heiterkeit, die beiden Dinge, die mit dem Wesen Goethes am allerwenigsten vereinbar waren, und obwohl er eingebildet genug war, sich für einen Aristophanes zu halten, war er so bleiern wie sein Schreibgerät ... Er hat fast einen ganzen Band Komödien hinterlassen, unter denen man die Papierblumen von zwei oder drei Pastoralen [18] findet, platte Berquinaden [19] über pedantische Seladons [20], Fadheiten und Abgeschmacktheiten, die er von einem Florian [21] ausgebrütet glaubte, als ob Florian nicht auch Geist und Anmut gehabt hätte! Goethe hat weder das eine noch das andere je besessen. Dieser deutsche *Plumpsack* war absolut unfähig, auch nur den kleinsten Harlekin auf die Beine zu stellen, und Florian hat immerhin bezaubernde gemacht. An Florian erinnert Goethe nur in bezug auf den Esel aus dessen Fabel, der eine Flöte vor seinen Hufen findet und, weil er sie für eine besondere Distelart hält, mit seinen groben Lefzen nach ihr schnappt. Dabei schnaubt er und bringt zufällig einen Ton hervor, der ihn in der Einfalt seiner Seele verzaubert, während Goethe, nachdem er in das Flötenloch blies, sich keineswegs wunderte, sondern sich für einen Menander [22] hielt — wie er sich im *Groß-Cophta* und den *Mitschuldigen*, den ernsten Komödien, für einen Aristophanes gehalten hat.

Der *Groß-Cophta* ist nichts anderes als die berühmte Halsband-Affäre, die der Arrangeur Goethe für die Bühne zurechtgemacht hat! Wie alle Scharlatane der dramatischen Kunst, die größten unter den literarischen Scharlatanen, weil sie sich unverfroren auf alle zeitgenössischen Geschehnisse schwingen, um sie auf der Suche nach Lärm und Erfolg auszuschlachten, hat auch Goethe, der niemals selbst auf etwas gekommen ist und von dem man nicht sagen kann: »*prolem sine matre creatam*«[23], weil er aller Welt Bastard ist, den Skandal um die Halsband-Affäre als Garantie für einen Erfolg genommen und ihn verschachert... Er hat die Halsband-Affäre ihrer historischen Größe beraubt, um sie auf dem Niveau eines aristokratisch-bourgeoisen Schauspiels anzusiedeln. Der Erzbischof von Rohan ist ein Domherr, die Königin Marie-Antoinette irgendeine Prinzessin (die namenlose Prinzessin der Deutschen, die nur auf die Titel sehen und Abstraktionen auf die Bühne bringen), und Cagliostro wird zum Groß-Cophta, ein Schurke, der in den Händen Regnards zu einer komischen Rolle hätte werden können, aber nicht in denen Goethes. Regnard[24] ist vielleicht der einzige Dramatiker, der eine so abstoßende Schurken-Figur auf die Bühne bringen durfte; denn Regnard ist das einzige Genie im Bereich des Lustspiels, das unbefangen genug und von einer so *mitreißenden Heiterkeit* war, daß ihm das gelingen konnte. Aber Goethe bleibt ganz unbeholfen im Umgang mit seinem Halunken in diesem geist- und charakterlosen Stück.

Genauso verhält es sich mit den *Mitschuldigen* — einem Stück von hohem Anspruch, das jedoch auf einem einzigen – von der szenischen Disposition herrührenden – Zustand beruht, der Konfusion: Menschen, die sich miteinander verwechseln, ein Neugieriger, eine verliebte Frau und ein Dieb (die sah Goethe besonders gern auf der Bühne). Das Lustige daran, das aber keineswegs neu ist, besteht darin, daß der verborgene Dieb beim Rendezvous seine Frau erkennt, sich aber nicht verraten darf, weil er sonst als Dieb gefaßt würde. Der Liebhaber erscheint. Die folgende Szene könnte höchst schwungvoll sein, wenn sie aus einer französischen Feder stammte; aber Goethe hat niemals Biß. Die Sehne seines Bogens ist naß, und der

Pfeil geht nicht los. Außerdem verbreiten all diese deutschen Liebschaften den gleichen üblen Geruch wie bei August Lafontaine[25], nämlich den der Plattheit. Die grundlegende Dummheit des Stamms vermählt sich hier mit der natürlichen Dummheit Goethes, und das ergibt, ich kann es bezeugen, ein schönes Gesamtbild... Was dem Sganarelle der *Mitschuldigen* schadet, ist, daß er, wie der Groß-Cophta, ein Dieb ist; ein Diebstahl auf der Bühne aber ist, wie gesagt, etwas Abscheuliches, und das Abscheuliche bewirkt Ernüchterung und Kälte... die Kälte Goethes, der in allen seinen Werken durch Kälte umkommt, wie Napoleon in Rußland. Das Komische muß hitzig sein und von nobler Art. Was niedrig ist, hört auf, geistvoll zu sein. Die Lichter verlöschen, wenn sie in solche Niederungen getragen werden... Es ist eigentümlich, wie die Welt des Intellekts widerhallt von den Ereignissen in den – einander entsprechenden – Welten der Materie und der Moral.

Was den *Bürgergeneral* und *Die Aufgeregten* betrifft, welche die Komödien Goethes vervollständigen, so sind sie nichts weiter als Revolutionsfarcen; aber wenn ein Deutscher den Witzbold spielt, ist er selber der Witz, wie die Gans, die man aus Gänseleberpastete geformt hat, doch nur Pastete ist! Kurz und gut, es gibt kein Schmierentheater in Paris, das nicht geistvollere Komödien und sogar Vaudevilles[26] in seinem Repertoire hätte als die Komödien Goethes. Daran sieht man, wieviel die Markise über der Auslage wert ist fürs Geschäft. Der große Name Goethes verdunkelt alles und läßt an alles glauben.

Aber die Markise ist letzten Endes nichts als ein Fetzen, der über eine Stange gespannt wird, und die kann brechen.

Die Gedichte

Den von Hachette veröffentlichten *Sämtlichen Werken* vorangestellt ist ein Porträt Goethes, von dem ich glaube, daß es ihm ähnlich sieht. Auf diesem Porträt, das von einer gewissen Koketterie zeugt, ist Goethe nicht mehr der Jüngste, aber er ist noch gut erhalten und gepflegt angezogen. Er trägt einen Gehrock mit seidenem Revers, die zu seiner Zeit übliche hohe Halsbinde ohne Knoten, fixiert von einem wertvollen Stein, und durch die weichen Falten dieser Binde errät man einen abgezehrten Hals, der ach! schon lange nicht mehr eines Standbilds würdig ist. Augenscheinlich, trotz der Schläge des Alters, war der Mann, der auf diesem Porträt zu sehen ist, in seiner Jugend schön. Seine Züge sind groß und ebenmäßig, die Stirn hoch, aber die Schläfen eng; die Flächen seiner Wangen sind immer noch großartig, die Augäpfel leuchtend, doch verfolgen sie die Dinge eher, als daß sie sich um sie bekümmern, und in ihrem Spiegel erscheinen nur jene, die *offensichtlich* sind. Goethe ist auf diesem Porträt gleichzeitig ein herrlicher alter *Beau*, ein alter Liebhaber von Kunstgegenständen, der feierliche alte Sekretär irgendeines beliebigen Instituts und ein alter *Impresario*, dessen Majestät für seine Pensionäre unantastbar ist. Und tatsächlich war Goethe all das von Natur aus. Diese Komplexität besaß er. Aber ein Dichter…? Suchen Sie ihn in diesem Porträt, den Jupiter Goethe, den Jupiter nach einer universellen Übereinkunft, die sogar den Spötter Heine an seine falsche Göttlichkeit glauben ließ, der aber dennoch eines Tages dahin kam, seinen großen Manitou zu zerschlagen und die Trümmer aus dem Fenster zu werfen[27]. Suchen Sie die Augen des großen Dichters: seien es die tiefen Beethovens, der ertaubt seiner Seele lauscht; die träumerischen Lord Byrons; die trüben Schlitze des blinden Milton, schöner als Augen, durch die seine Gedanken zogen! Sie sind dort ebensowenig zu finden, wie in Goethe ein Dichter, ein Schöpfer, ein inspirierter Mensch steckte. Wir haben schon anhand seiner dramatischen Werke gesehen, ob dort ein Dichter am Werk war. Wir werden uns jetzt der Frage zuwenden, ob der Dichter – wenn er denn einer ist – am ehesten an seiner Lyrik gemessen werden kann, weil er dort seiner eigenen Inspiration folgt, weil die Dichtung den Schrei oder die Herzensergießung der Persönlichkeit des Menschen in ihrer intensivsten Energieform darstellt, und wenn sie sich hier nicht zeigt, ist, *in dichterischer Hinsicht*, keine wahre Persönlichkeit vorhanden.

Nun, sagen wir es ganz unerschrocken – denn ich werde immer kühner, je weiter ich mit dieser alles umstürzenden Schrift vorankomme, trotz meiner Vorsichtsmaßnahmen gegen die Bewunderer, die den großen Goethe in den Himmel heben! –, dieser sogenannte poetische Jupiter hatte in dichterischer Hinsicht keine Persönlichkeit. Ich bin wie Heine. Ich zerschlage meinen Manitou. In seinen dramatischen Werken versuchte Goethe, wie alle Dramatiker, sich mit einer der mehr oder weniger historischen oder beobachteten oder mehr oder weniger traditionellen Figuren zu identifizieren; denn es gibt bei ihm nicht eine einzige erfundene Gestalt, wie bei Shakespeare zum Beispiel Falstaff, Shylock, Jago, und was die anderen betrifft, so wissen Sie schon, was dabei herausgekommen ist.

Aber wenn es nicht mehr darum ging, sich in solche Burschen hineinzuversetzen, sondern selber ein Kerl zu sein, wenn es darum ging, etwas aus dem eigenen Inneren zu heben und es wie mit einem feurigen Pfeil in die Seele der anderen zu verpflanzen, wenn es darum ging, lyrisch, elegisch, episch, grandios, ideal in eigener Sache zu sein, ist Goethe immer kurz angebunden geblieben, er hat – man sehe mir die Grobheit des Ausdrucks nach – nur eben *Quak!* gemacht.

Auch hat er sich, im Bewußtsein seiner Leere, und weil es ihm nicht möglich war, sich selbst zum Ausdruck zu bringen, verleugnet und ist seiner Natur und seinen intellektuellen Gewohnheiten treu geblieben. Er hat sich darauf verlassen, Gegenstände der äußeren Welt zu beschreiben, dieses Auge ohne Herz und ohne Hirn, wie in seinen *Römischen Elegien*, die gar keine Elegien sind, sondern Beschreibungen der römischen Landschaft; oder er *äffte*, indem er auf sein Verfahren von Imitation und Pastiche zurückkam – die einzige Poetik, die ihm zur Verfügung stand –, eine Literatur nach, die er aufgelesen und mit der er gelebt hatte, und auf diese Weise verfaßte er seinen *Divan*, das Beste, was er, ich sage nicht: *empfunden*, sondern *geschrieben* hat.

Lesen Sie doch einmal seine Sammlung *Dichtung und Wahrheit* (die, nebenbei gesagt, weder das eine noch das andere ist), und Sie werden selbst sehen, wie er seine Inspirationen überall auflas und ob er etwas anderes war als ein poetischer Altwarenhändler... Wie ihm die Idee zu seinem *Divan* nach einer Hafis-Lektüre in der Übersetzung von Hammer-Purgstalls kam, so fand er in den Reiseberichten Dappers Geschmack an den indischen Fabeln — was mich keineswegs erstaunt, denn es gab, wie ich gleich zeigen werde, etwas Hinduistisches in Goethe. Genauso wiegte er sich, gleich einer am Kreuzungspunkt aller Literaturen aufgehängten Äolsharfe, im Wind der nordischen Mythologie, die ihn (wie er uns sagt) durch das Humoristische einer Dichtung, die Riesen erfunden hatte und sich über die Götter lustig machte, begeisterte — seine Gottlosigkeit war damals ebenso ausgeprägt wie sein Polytheismus, und sein Geist stand jedem Einfluß offen, wie eine Herberge, in der jeder beliebige Gedanke die Nacht verbringen durfte.

Der erste Band Monsieur Porchats, der alle lyrischen Dichtungen umfaßt, vermittelt, bis in den rhythmischen und grammatischen Ausdruck hinein, alles, was die Dichtung Goethes ausmacht. In Frankreich hatte man ihn bisher nur aufgrund von zwei oder drei Probestücken beurteilen können: *Die Braut von Korinth*, *Der Fischer* etc., ausgewählt von Madame de Staël, Goethes Almosengeberin, die ihnen die Gnade einer beschönigenden Übersetzung zukommen ließ, wie man einem nackten Mann aus Barmherzigkeit eine Hose schenkt oder strickt. Aber in dem Band Monsieur Porchats ist der ganze Haufen von Goethes Dichtung, seinem Wesen nach und in seiner Gesamtheit, ohne Beschönigung übersetzt. Nun – ich trotze Ihnen, falls Sie es nicht zugeben wollen – er besteht aus nichts als abgedroschener Mythologie, vulgären Bildern, sentimentalen Albernheiten – das Alberne und das Gedrechselte vertragen sich ja sehr gut bei Goethe –, wie wir sie in den Musenalmanachen und anderen Sammlungen von Romanzen und Idyllen aus dem letzten Jahrhundert finden.

Während ich diese poetische Masse überblicke, wissen Sie, welche unglaubliche Erinnerung in meinem Denken plötzlich heraufbeschworen wird…? Nicht mehr und nicht weniger als die kolorierten Stiche über die vier Jahreszeiten, die wir zwanzig Jahre lang in allen Herbergen Frankreichs zu sehen bekommen haben, all die Grévedons[28] über die Jugend, die Schönheit, die Anmut, das Lächeln, die Liebenswürdigkeit etc., mit Ziereien, Künsteleien und Affektiertheiten, die selbst Grévedon fremd waren. Und in diesem ganzen Wust nicht ein Wort, das aus dem Herzen kommt, aus den Eingeweiden, aus irgendeinem Gefühl oder Gedanken. Und ich spreche nur von dem, was zu verstehen ist.

Aber es gibt im Werk Goethes (*Die Weissagungen des Bakis* zum Beispiel) einen ganzen Teil, der so völlig unverständlich ist, daß selbst sein Übersetzer, der wackere Monsieur Porchat, es sich nicht gestattet, ihn zu erklären oder zu interpretieren. Wir haben darauf aufmerksam gemacht: Bereits beim *Faust* von 1833 hatte sich der Übersetzer, Monsieur Porchat, leicht matagrabolisiert[29] gefühlt, der arme Mann! Aber die *Weissagungen des Bakis* sind von einem ganz anderen Kaliber. So geläufig das Deutsche und Goethe diesem tugendreichen Galeerensträfling der Übersetzungsarbeit auch sein mögen, dieser Schlag aufs Gehirn läßt ihn völlig aus den Schuhen kippen, und er versinkt in einem nebelhaften Meer von Scharaden und Logogriphen[30]. Die Orakel dieses gottähnlichen Goethe ergeben nicht einmal mehr für Monsieur Porchat einen Sinn. *Die Weissagungen des Bakis* sind die unverschämteste Herausforderung, die je ein Mensch seiner Gattung zugemutet hat. Was die *Xenien* betrifft, so handelt es sich um eine Ansammlung so vulgärer Sprichwörter und Sentenzen, daß sie es nicht verdient hätten, in Verse gebracht zu werden, nicht einmal von Goethe. Die *Sprüche* sind Almanache der Moral, wie die lyrischen Gedichte Musenalmanache oder versifizierte Grazien sind. Und das Ganze, um zum Ende zu kommen, versteckt sich unter dieser undurchdringlichen germanischen Dunkelheit, die seit ihren primitiven Wäldern und bis in ihre gegenwärtigen philosophischen Traktate auf den Germanen lastet.

Da ich nun einmal dieses Wort Philosophie ausgesprochen habe, das man hinter jedem deutschen Namen oder jedem deutschen Gegenstand lauernd findet, wage ich es, mir die folgende Verallgemeinerung herauszunehmen, für die ich in Anbetracht der Schwere des Falls Goethe um Verzeihung bitte.

Die Philosophie

Wie miserabel die Gedichte oder die Prosa eines Schriftstellers auch sein mögen, man kann sie immer mit irgendeiner allgemeingültigen Philosophie in Verbindung bringen, aus der sie hervorgegangen sind. Wie nichtig ein Mann oder eine Schrift sein mögen, es gibt an diesem Mann oder an dieser Schrift etwas, das er gemacht oder nicht gemacht hat, ein instinktives oder auch überlegtes Gesetz, das er *kennt* oder *nicht kennt* – darauf kommt es nicht an! –, das aber seine Fähigkeiten, sein Talent, sein Genie oder selbst seine Torheiten beherrscht. Diese unwillkürliche und unausweichliche Philosophie mag vage sein, inkonsequent, so armselig, wie man sie sich nur denken kann, aber *sie kann nicht nicht vorhanden sein.* Nun, welcher Art ist diese Philosophie bei Goethe?

Es ist die Philosophie des Orients, der kleinmütige Verzicht auf *alles, was ist*, der wiederkäuende Genuß des

Lebens; und das Leben ist die Gesamtheit der Dinge, unter denen die Persönlichkeit schmerzlos den Geist aufgibt. Der Buddhismus, im Unendlichen ertränkt. Merkwürdigerweise hing Goethe, dieser Mann, der so viel auf seinen Platz an der Sonne hielt und ihn nicht schöner haben konnte, dieser Egoist, der jeden Umschwung mitgemacht hat, um sein Glück nicht zu gefährden, dieser Arrangeur aller Dinge, von seinen schwunglosen Gedichten bis zu seinem Haus und seinem Trödel, der Philosophie der Fakire an, freilich ohne deren Mystizismus zu besitzen. Um es in deutscher Mundart zu sagen, das Objekt riß das *Subjekt* mit sich, aber das *Subjekt* hatte nicht das Feuer jenes geistigen Vermögens, das sich in die aktive Kontemplation der Natur versenkt. Es betrachtete sie nur von außen, wie ein Photograph, der sie reproduzieren, nicht wie ein Mystiker, der sie verstehen will. Er hatte Spinoza gelesen und sich in ihn vernarrt, wenn man so sagen kann bei einer Seele, die so gleichmütig ist wie diejenige Goethes. Er hatte sogar mit Jacobi, dem Autor der *Göttlichen Dinge* [31], gebrochen, weil Jacobi glaubte, die Natur verberge Gott, während er, Goethe, glaubte, die Natur sei in Gott und Gott in der Natur, was dem hinduistischen Pantheismus ebensowohl entspricht wie dem deutschen. Die Gott-Natur, die weder dem Verständnis Gottes noch dem der Natur dient, akzeptierte er, ohne sich dessen recht bewußt zu werden (dazu war er nicht in der Lage), als eine Lösung, mit der er seinen Verstand für immer zur Ruhe setzen konnte; aber es hieße ihm zuviel Ehre erweisen, wollte man glauben, er sei auch sonst Spinozist gewesen. Wenn ihm die Ideen ausgingen oder gar nicht erst kamen (was weit häufiger der Fall war), flötete er sich und den anderen Worte wie *Natur*, *Leben*, *Ganzheit* und *Macht der Dinge* vor. Aber die Vagheit der deutschen Sprache lastete auf ihm, und er türmte Wolken über Wolken: Jupiter, da die Dummen ihn nun einmal für einen Jupiter gehalten haben, aber als *Wolkenfänger* und nicht als Blitzeschleuderer!

Und auf diese Weise kommt bei Goethe der Hindu zum Vorschein. Die philologischen Arbeiten der letzten Zeit haben die Gelehrten zu der Annahme geführt, es gebe eine sprachliche und rassenmäßige Verwandtschaft zwischen den Deutschen und den Hindus. Darüber streitet und schubst man sich noch unter den Mandarins[32], und man behauptet, wie Scaliger[33] es von den Basken sagte, sie verstünden einander. Goethe wäre ein Beweis dafür. Es ist etwas Hinduistisches an ihm, aber gemäßigt durch das Sauerkraut. Seine Natur ist nicht eins, sondern gemischt wie sein Talent, dessen Eigenart das Zusammengewürfelte und sogar Konfuse ist. Er hat nicht den leukadischen Sprung[34] ins tiefste Innere des Buddhismus vollzogen, sondern nur die Extremitäten seines Geistes in ihn hineingetaucht. Der Abgrund hat ihm Angst gemacht, dem oberflächlichen Mann. Aus reinem Mutwillen Grieche, weil er äußerlich ist, ereifert er sich in seinen *Poetischen Gedanken* gegen die indischen Götterbilder und jene Kunst, die vom Temperament her indisch ist – ich sage nicht vom Genie, denn das Genie Indiens und sogar des ganzen Orients befindet sich am äußersten Gegenpol dessen, was die Denkenden des Okzidents gewöhnlich mit Genie bezeichnen.

Er war also in der Tiefe seines Wesens ein Hindu, dieser glorreiche Deutsche. Der Hindu-Trottel kam in seinem deutschen Schädel noch zum germanischen Trottel dazu, und, lacht nicht!

»Et garde-toi de rire en ce grave sujet«[35]! —

er ist so sehr Hindu, dieser große Germane, daß er auf Seite 335 seiner Memoiren die folgenden schönen Dinge bekennt: »Die *ganze Menschheit* ist der wahre *Mensch*, und um glücklich und zufrieden zu sein, braucht der *Mensch* sich nur im Ganzen zu fühlen...«[36] He, he! Was sagen Sie dazu? Ist das nicht reizend? Dieses Glücksrezept anzuwenden dürfte ihm nicht schwer gefallen sein – ihm, dem Pangloss[37], denn er ist Pangloss, den die Umstände von der Wiege bis zum Grab verhätschelt haben –, aber er wandte es nur auf seine Freunde und Bekannten an. Das ist, als ob sich das Schaf nur in der Herde *als Schaf empfinden* solle, aber nicht allein, auf seiner Ecke der Wiese! Und schließlich haben die Schafe, obwohl man ihnen Dummheit nachsagt, zumindest die *persönliche Empfindung* des Grases, das sie fressen, während das Räsonnement dieses erlauchten und allmächtigen Goethe das Räsonnement einer Null ist, die sich unter Nullen damit tröstet, kein Ganzes zu sein.

Offen gesagt, eine solche Philosophie, die der Bodensatz von Goethes Denken ist und die man mehr oder weniger dumpf unter allen Sätzen findet, die Goethe in Prosa oder Versen geschrieben hat, kann uns keine besonders große Vorstellung von der Eigenart seines Talents und der Würdigkeit seines Lebens geben. Sein Talent, wir sprachen schon davon und werden weiter davon sprechen. Sein Leben hat er in den bereits erwähnten Memoiren erzählt, und die schrieb er in der doppelten Sorge um seinen Rang in der Welt und den in der Unsterblichkeit zu erringenden. Der *Poseur*, der Goethe zwar vielleicht nicht von Natur aus war, aber den seine Bewunderer aus ihm gemacht haben, indem sie ihn zu sehr bewunderten, verbarg die Hohlheit seines Wesens sorgfältig unter dem Gehabe des Olympiers, wie Talleyrand, der nicht weniger hohl war, die seine unter der spöttischen und gleichgültigen Pose des blasierten Seigneur verbarg, der *schon ganz anderes gesehen hat*...

Tatsächlich gibt es viele Ähnlichkeiten zwischen Goethe und Talleyrand, diesen beiden Fürstenseelen! Goethe ist ein literarischer Talleyrand, in eine Halsbinde gesteckt wie Talleyrand. Aber wenn er auch die berühmte Halsbinde trug, die achtzehnmal um den Nacken geschlungen wird, so besaß er doch nicht Talleyrands Kopfhaltung und sein faszinierendes, halb geschlossenes Auge, das Auge einer lauernden Viper, denn diese Dinge waren bei Talleyrand spontan und natürlich – Gaben Gottes oder des Teufels! –, aber an Goethe, diesem Operndarsteller, ist nichts spontan und natürlich, er steht immer vor dem Spiegel, und seine fixe Idee war es sein ganzes Leben lang, seine anfängliche Bildung und *den Anschein* seiner Berühmtheit zu erweitern. Im Falle Goethes erstickte nicht der übermächtige Gelehrte den Dichter, aus dem einfachen Grund, weil es in Goethe gar keinen Dichter zu ersticken gab; aber seine Gelehrtheit, die sich an allem rieb und von überall ein wenig, manchmal glänzenden, Staub mitbrachte, der an seinen großen Nachtfalterflügeln haftete – denn die Gelehrtheit arbeitet beim Licht einer Lampe, die *nach Öl riecht* – ja! seine Gelehrtheit machte Goethe (so muß man annehmen) und das Publikum, das sich bis heute täuschen läßt, glauben, daß es ein dichterisches Leben in diesem menschlichen Gips gab, während da nur Haltung und Anschein war. Das ist kein Epigramm, sondern Gerechtigkeit: Goethe ist weder ein reiner Dichter noch ein reiner Gelehrter, sondern eine reichlich seltsame und neutrale Mischung aus beidem. Das ist eine Art — nicht korinthischen Erzes, sondern korinthischen Pappmachés. Jedenfalls eine ganz besondere Kombination von Elementen, aus denen Goethe besteht und die man vielleicht ebensosehr verachten wird, wie man sie jetzt rühmt, wenn sie verwittert ist.

Denn – darauf muß man immer wieder zurückkommen – wenn man einem Mann einen solchen Ruhm gemeißelt und zugehauen hat, darf die Kritik nicht fürchten, sich zu wiederholen, sie muß den Leichnam dieses falschen Hektor neunmal um die Mauern Trojas schleifen. Goethe ist kein Dichter in dem Sinn, wie es das Wort impliziert, also Schöpfer. Er ist es nirgendwo, weder in irgendeiner Ordnung von Gedanken noch in irgendeiner Ordnung von Fakten. Soll man mir doch einen Charakter von ihm nennen, der den Namen eines Charakters verdient durch die Tiefe seiner Ganzheit oder seiner Komplexität! Soll man mir doch eine neue Situation nennen, an die vor ihm noch niemand gedacht hat! Soll man mir doch ein Wort nennen — eins jener Wörter, die durch die Jahrhunderte nachhallen, nachdem sie einmal jemand ausgesprochen hat, wie das »Qu'il mourût« des alten Corneille, das »Ventrem feri« des Tacitus oder das »He has no children!« Shakespeares![38] Nennen Sie es, suchen Sie es im ganzen Goethe, Sie werden es nicht finden. Das dichterische Gepäck Goethes, das man heute auspackt, besteht, sofern es nicht eine Anhäufung lächerlicher und vulgärer Dinge ist, die prunkvoll in die Hose gegangen sind, aus gerade mal drei oder vier Stücken von wahrhaft poetischem Charakter, die wir an unseren Fingern abzählen, inmitten einer Sintflut von Falschheit und Schwulst — ferner aus dem *Divan*, einem exzellenten Pastiche, das wie ein starkes Parfum aus allen Kräutern entlang des Jakobswegs der Gelehrsamkeit gewonnen wurde — und schließlich der bukolischen Schilderung von *Hermann und Dorothea*, die leider verkleistert ist von dieser altväterlich bourgeoisen Allemanderie, die Goethes Naturell im Sonntagsstaat erstarren läßt, wenn er guten Willens ist, natürlich zu sein, die aber, alles in allem, doch der Augen Goethes würdig ist, den man Jupiter genannt hat und den man Ophtalmos[39] hätte nennen müssen, denn Goethe hätte es nie mit Milton aufnehmen können: Man hätte ihn umgebracht, ihm die Augen ausgekratzt! Ich habe alles aufgezählt. Nun, wo ist das, was den großen, schöpferischen Dichter ausmacht, den unbestreitbaren und souveränen Dichter? Es könnte, das ist wahr, im Romancier stecken, denn Goethe hat Romane geschrieben. Nehmen wir sie uns also vor! Wollen Sie einen Blick darauf werfen?

Der Romancier ist allerdings genauso wie der Dichter ein Schöpfer. Wie der Dichter kann er lyrisch oder dramatisch sein, und er ist sogar unser letzter Dichter in einer Flut von Prosa, die anschwillt, Wellen schlägt und alles verschlingt. Beim gegenwärtigen Zustand der literarischen Sitten und der *prosaischen* Zivilisationen könnte der

Romancier unser letzter epischer Dichter sein, sofern er über die besondere, für den Vers unverzichtbare Sprache verfügt. Byron besaß sie, er war ein Romancier in Versen, und darum war er eben Byron. Aber nun stellen Sie sich einen Balzac mit der Versmacht Byrons vor, und mit diesem Ideal vor Augen denken Sie ein wenig an Goethe, der auch ein Romancier sein wollte!

Die Romane

Er hat drei Romane geschrieben: *Werther*, *Wilhelm Meister* und *Die Wahlverwandtschaften*. *Werther* war der Pistolenschuß des Jahrhunderts und ist mit der Krupp-Kanone seines *Faust* zu vergleichen. Der *Wilhelm Meister* wird weniger gelesen, ist weniger berühmt, aber um so länger. Und die *Wahlverwandtschaften* werden überhaupt nicht gelesen, trotz Madame de Staël, die sie von der nebligen Unbestimmtheit ihres deutschen Titels befreien wollte; denn der klare und französische Titel der *Wahlverwandtschaften* müßte lauten: *Das sentimentale Konkubinat*. Diese unschuldigen Deutschen, diese falschen Biedermänner aus Deutschland haben die Metaphysik erfunden, um ihre Heuchelei zu verstecken. Sie sind pfiffig, trotz ihrer Schwerfälligkeit und Einfalt. Die Metaphysik ist die Tarnkappe ihrer Unmoral, wenn sie unmoralisch sind. *Werther* wurde im Glanz der Jugend geschrieben, wenn die Gaben bei lebenden Menschen am feurigsten hervortreten; aber dieser hübsche Lymphatiker[40] Goethe hat nie gelebt... Er wohnte in Straßburg. Er nahm Unterricht, von juristischen Vorlesungen bis zu Tanzkursen, war bereits von Neugier besessen, verbummelt und pedantisch, und nahm dieses Gekratze an allen Arten von Bildung vorweg, welches das Markenzeichen seines Talents und seiner Werke ist. Ein Freund, der mehr Leidenschaft hatte, als Goethe je besaß, blies sich das Lebenslicht aus, und unter dem Diktat dieses Pistolenschusses machte er, dessen Schicksal es war, immer nur unter dem Diktat von jemandem oder etwas zu schreiben, sich an den *Werther* und mischte dem leidenschaftlichen Mann, welcher sein Freund gewesen war, sein eigenes *Ich* bei, seine Künstelei, seine Albernheiten, seine Sentimentalität, seine Kälte und sogar sein Griechisch. Werther betreibt Griechisch wie Vadius[41] und Goethe! Das ist eine recht deutsche Art von Soße, was das Publikum nicht hinderte, den Köder zu schlucken... Der Erfolg war allenthalben ungeheuer, besonders aber in Deutschland, wo Bücher einen enormen Einfluß haben und sich diese Papierköpfe leicht beeindrucken lassen.

Man brachte sich aus Nachahmungstrieb um, wie man eines Tages Räuber wurde, um Schillers *Räuber* nachzuahmen. Im *Werther* begann unter dem Namen Charlotte schon jene zukünftige Margarete zu sprießen, die elementare und deutsche Frau, von der in dieser Studie schon so oft die Rede war, das »Ewig-Weibliche«, wie es Goethe nennt, und das ich zutreffender die »ewige Kaulquappe« nenne! Sie war ebensowenig erfunden wie der Pistolenschuß in *Werther*. Sie entstammte der sehr bourgeoisen Sphäre, in der sich dieser Stern von Goethe damals herumtrieb. Er hatte keine große Mühe, diese Butterbrotbestreicherin unter den Frauen seiner Zeit zu finden, genausowenig wie jene andere, die in *Wilhelm Meister* ihr Strickzeug überall mit hin nimmt und die man »das ewige Strickzeug« nennen könnte. Abgesehen vom Abenteuer des Ausgangs steckt in *Werther*, dem genialen Geburtshelfer, im Keim der ganze Goethe, mit all seinen Fähigkeiten und Gebrechen. Es ist Goethe selbst mit seiner Abwesenheit von wahrer Leidenschaft und seiner Anwesenheit von falscher Rhetorik, die nicht einmal von ihm stammt, sondern von Rousseau, dem hitzigen und modrigen Rousseau, dessen Jugend von der Zeit vergiftet war. Es ist Goethe selbst mit seinen unerträglichen Forderungen nach Einfachheit und Natürlichkeit, mit seinem Pedantismus empfindsamer Sittlichkeit, mit seiner leidenden Kleinbürger-Eitelkeit, denn er war noch nicht der Herr Geheimrat Goethe, und seiner leichtgläubigen und kindischen Liebe zu kleinen Details des Lebens, die den Mann, den er beschreibt, daran hätten hindern müssen, sich je zu töten.

Dennoch ist dieser kleine Roman, der so welk, so blaß, so altmodisch wirkt wie die roten Bändchen an Charlottes Mieder oder Werthers kanariengelbe Kniehosen, wenn man ihn jetzt nach Romanen wie jenen Balzacs liest, die ganze Welten und Gesellschaften enthalten, noch der beste von Goethes drei Romanen. Natürlich reicht er nicht an Chateaubriands *René* heran, der sich nicht umbringt, der nicht wie eine Bombe einschlug wie *Werther*, der nicht einmal soviel Aufsehen erregte wie *Atala*. Immerhin ist *Werther*, trotz seiner simplen, der Rede freien Lauf lassenden Konstruktion, ein Buch, das man noch mit einer gewissen geistigen Neugier und vielleicht gefühlvoller Empfindung öffnen kann, während *Wilhelm Meister* und *Die Wahlverwandtschaften* keine Bücher sind, nicht einmal mehr schlechte, sondern nicht mit Namen zu bezeichnende, nicht wiederzugebende, unlesbare Dinge — und das auf jeder Ebene der Texte.

Ach, man muß die Dinge offen aussprechen, wenn es um die Mystifikation von Goethes Genie geht, und ich will es tun. Ehrenwort, es ist unmöglich zu glauben, daß jene, die mit dem Respekt, der einem Genie gebührt, von ihm sprechen, *Wilhelm Meister* und *Die Wahlverwandtschaften* gelesen – ja! gelesen – und ausgelesen haben. Ich würde schwören, sogar auf den Verstand von Madame de Staël selbst, wie auf eine Reliquie, daß diese temperamentvolle Frau *Wilhelm Meister* nicht von vorn bis hinten durchgelesen hat. Sie hätte es nicht vermocht, mit ihrem flammenden Geist. Sie hat hier und da und mittendrin etwas von dieser kleinen Mignon aufgeschnappt, die nur ein Lärvchen ist, und zwei oder drei bezaubernde Sätze über dieses arme kleine, fast gestaltlose Wesen Goethes hingehaucht und so die kranke Rose selbst geschaffen, die das einzig Lebendige ist in diesem Chaos von Wesen, die keine Figuren sind, die, man weiß nicht mehr recht in was eigentlich, kreisen, inmitten dieses Gewühls von Begriffen, Kenntnissen und Theorien, die den Eindruck eines Narrenspektakels in einem umgekippten Trödelladen machen. Man braucht mit den Worten nicht zu fakkeln: *Wilhelm Meister* und *Die Wahlverwandtschaften* sind Phänomene der Dummheit. Man würde seine Zeit und seine Ehre verlieren, wollte man sie analysieren. Was die *Wahlverwandtschaften* betrifft, handelt es sich, wie gesagt, um das einvernehmliche Konkubinat zwischen vier oder fünf Mormonen, die vom gleichen Schlage sind. Goethe hat die Mormonen vorhergesehen. Der *Wilhelm Meister* ist das Schmierentheater eines Mannes, der die Komödie immer über das Leben und den Komödianten über den Helden gestellt hat; es ist ein durchdrehendes, kopfloses Schmierentheater, aber langweilig, was im Schmierentheater nicht erlaubt ist, denn es muß amüsant sein. Das ist Langeweile in bisher unbekannten Dimensionen, Laudanum[42] nicht in Flaschen, Pinten oder Pötten, sondern in Fässern — dem Riesenfaß von Heidelberg!

Und diese unermeßliche Langeweile, in der ich Goethes Stärke sehe, war seine einzige schöpferische Leistung.

Kunst und Reisen

Bevor ich diese Studie über Goethe weiterführe, die ich zum Abschluß bringen möchte, werde ich mir eine Beobachtung erlauben, nicht um mir Mut zu machen für den Fortgang – den hatte ich, als ich die Studie anfing *und was auch immer kommen mochte* –, sondern um meine Freude an dieser ehrlichen Arbeit zu verdoppeln, die meines Wissens noch keinen Widerspruch gefunden hat.

Ehrlich gesagt, hatte ich fast damit gerechnet, einen Skandal hervorzurufen — mindestens Entgegnungen und Widersprüche aller Art aus der Sphäre, in der ich mich bewege, wie begrenzt sie auch sein mag. Ich erwartete, nicht an diesen Gott Goethe mit seinem Atheismus rühren zu können, ohne daß die ihm geweihte Religion in Aufruhr geriete. Tatsächlich ist es geschehen, daß niemand an meiner Unehrerbietigkeit Anstoß nahm, als ich dieses große Idol schüttelte, um zu zeigen, daß es hohl tönt… Aber einige seiner *nominellen* Bewunderer haben mir leise zugeflüstert: »Wir denken wie Sie.« So daß ich wohl jedermanns Ansicht ausgesprochen haben werde, wenn es einmal gesagt und an die Schelle gehängt ist, die noch eine Glocke werden kann...

War ich zunächst erstaunt darüber, so habe ich es am Ende doch verstanden. Goethes Ruhm, diese Ungeheuerlichkeit, diese Lüge, auf welche die Lügner selbst hereingefallen sind, dieser Ruhm, für den man keinen ausreichend hohen Sockel finden konnte, den man auf einen Obelisken gesetzt und dort fixiert hat, ist zu weit entfernt von jedermann und niemandem ein Anliegen. Dieser Ruhm ist kalt wie die Konvention, wie die Entfernung, wie das Talent Goethes selbst. Er ist ein Marmor in *Dutzendware*, eine tote schulmäßige Tradition... Man sagt: »DER GROSSE GOETHE«, das ist alles. Die Dummköpfe, die sich die Zunge abnutzen auf dem Granit eines Wortes, lecken dieses da, ohne den geringsten freudigen Kitzel zu empfinden. Man hat sich einst wegen Gluck gestritten, dann wegen Piccini... aber um Goethe ist es still gewesen. Nur mit Leben kann man Leben zeugen, nur mit Feuer Brand entfachen. In Goethes Talent ist nicht ein Atom Petroleum. Der Ruhm Voltaires, der älteren Datums ist als Goethes, ist immer noch warm. Er dünstet immer noch die Verwünschungen Joseph de Maistres aus, dieses weltlichen Inquisitors, der seine Werke verbrennen ließ und wieder damit anfangen könnte. Unglückliche und jämmerliche Voltairianer, ausgeweidete Frösche wie in den Experimenten Spallanzanis[43], sind galvanisiert und zucken noch, wenn sie Voltaires Namen hören. Ich selbst habe, als ich ein Kind war, einen

Greis gekannt, der voll von ihm war, der von Voltaire überfloß! Er war ein alter Maler von großem Talent und Geist, der ein Museum leitete: »Sehen Sie«, sagte er, ganz blaß vor Erregung, zitternd, mit meckernder Stimme, aber erhaben, weil er aufrichtig und bewegt war, »sehen Sie diese alte Hand? Sie hat die Ehre gehabt, am Tag seines Triumphs Voltaires Wildschur[44] zu berühren!«, und er küßte sie, diese alte vertrocknete und faltige Hand, wie ein verliebter Greis die rosige Hand einer jungen Geliebten hätte küssen mögen, die ihm den Kopf verdreht. Ich bezweifele stark, daß irgendein Greis unserer Zeit seine Hand mit solcher Begeisterung küßt, weil sie Goethes Wildschur berührt hat — jenes Goethe, auf den ich jetzt zurückkomme, um zu sehen, was sich unter dem großen und feierlichen Mantel befindet, in den man ihn drapiert hat, und zwar ohne Umstände, als handele es sich um den vulgärsten Überrock.

Wir haben bereits gesehen, daß unter diesem allzusehr gemeißelten Mantel weder ein großer dramatischer Dichter noch ein großer lyrischer Dichter noch ein Romancier noch ein großer Philosoph steckte, und wir werden fortfahren, aus den majestätischen Falten dieses Mantels die anderen Einbildungen hervorzuholen, die sich dort eingenistet haben.

Goethe hielt sich für universell. Er ahmte Voltaire nach. Nur hatte er von diesem Teufel Voltaire weder die Quirligkeit noch die Gewandtheit noch den Überfluß noch die Leichtigkeit noch die Anmut des *Affen, der das Licht verbreitet*[45], noch die intellektuelle Aura, die Voltaire auszeichnet, sie war dem großen und trockenen Pedanten

Goethe nicht gegeben. Es ist sogar bemerkenswert, daß ein Mann, der, wie ich schon sagte, alle Kategorien des menschlichen Geistes durchqueren wollte, über so wenig Fülle verfügte wie Goethe und nach einem achtzigjährigen Leben nur zehn Bände hinterließ… Ich weiß, daß die Fülle erst durch den Rang der durch sie hervorgebrachten Werke bedeutsam wird; aber selbst im Bereich der nachrangigen Werke besitzt Goethe nicht diese Fülle, die bei uns beispielsweise dieser gelockerte Bauchgurt Alexandre Dumas besitzt. Im Vergleich zu ihm ist Goethe offenkundig ein verstopfter Geist. Empfand er, daß er es war? Immerhin hat er den folgenden beispiellosen Satz geschrieben: »Schreiben ist ein Mißbrauch der Sprache«[46], und immerhin hat er gegen Ende seines Lebens das Zeichnen, diese Sprache der Augen, der Sprache der Worte, der rationalen Sprache des Gefühls und der Gedanken vorgezogen. Dieser Sklave eines einzigen Organs, der in seiner *Italienischen Reise* auch geschrieben hat, er liebe »weder die Antike noch die Geschichte, weil man die Geschichte *nicht sehen kann*«, eine Äußerung, die einen niedrigen, wenn nicht gar groben Materialismus verrät, konnte nicht in Weimar bleiben, wo er wie Trissotin[47] (denn er war Trissotin, wie er Trublet gewesen war) zwischen den deutschen Cathos', Bélises und Philamintes thronte. Um seiner Natur zu gehorchen, hätte er, wäre sie gebieterisch gewesen, ein Reisender wie Humboldt werden müssen — ein unermüdlicher Reisender, wann immer es in der Welt etwas zu sehen gab.

Nun, ein Reisender war er auch, wie er alles war, im Rahmen seiner angeborenen Mittelmäßigkeit, im dürftigen

Rahmen seiner kindischen oder senilen Neugier und seines Bummelantentums, die seiner Begabung als Gelehrter reichten, welche niemals kochte oder überging, sondern immer köchelte! Seine Reisen in die Schweiz, nach Frankreich und Italien lassen Goethe als Reisenden nicht sehr hoch im Rang stehen. Seine *Reise nach Frankreich*[48] unternahm er 1792 mit dem Herzog von Braunschweig, ohne genaue Funktion außer der eines Neugierigen im Gefolge des Fürsten, dessen Geschichtsschreiber er hätte sein können, wenn er die Geschichte weniger verachtet hätte. Dieser *Sonnenhascher aus dem Gefolge seines Monseigneur* erhaschte nur den Regen und den Schlamm dieser Kampagne, bei der die Preußen durchnäßt und eingeweicht wurden bis zur völligen Auflösung; und sein Bericht ist genauso langweilig und trübselig wie dieser Schlamm und dieser Regen… Die *Reise in die Schweiz* (früheren Datums als die *Campagne in Frankreich*) ist kaum mehr als die Beschreibung von ein paar Gletschern und Schnee-Effekten. Aber der große Landschaftsschilderer nach der Art von Chateaubriand, Bernardin de Saint-Pierre[49] und Maurice de Guérin[50] kommt nie zum Vorschein. Was man noch am besten finden mag in dieser *Reise in die Schweiz*, sind einige *Interieurs* von Herbergen; nur fragt man sich, was aus diesen Interieurs unter der Feder von Walter Scott mit seiner erhabenen Gutmütigkeit geworden wäre. Das Auge Goethes, dieses Mannes, der darauf *geeicht* war, nicht zu *begreifen*, was er sah, das Auge Goethes war nicht darauf *geeicht*, etwas anderes zu *greifen* und zu umfassen als das Kleine. Der Horizont und seine Unermeßlichkeiten sagten ihm weniger als ein Schieferstein oder der Organismus eines Insekts. Als er in Venedig zum ersten Mal das Meer sieht, rechnet man mit einem großen dichterischen Ausbruch. Ach! Er sagt ganz ruhig: »Das Meer ist doch ein großer Anblick!« und widmet die folgende Seite den Krabben und Muscheln. Er war ein Naturforscher, das ist wahr, aber er beschäftigte sich am liebsten und bevorzugt mit kleinen Schöpfungen statt mit großen. Ein Naturforscher mit dem Mikroskop eher als mit dem Fernglas, der eher fixierte, als daß er etwas sah; ein verkniffener Kurzsichtiger, nach Atomen suchend, die er, wäre er nicht mit der Nase darauf gestoßen, wohl gar nicht wahrgenommen hätte.

Und deshalb war ihm die in der Kunst ausgedrückte menschliche Schönheit, war ihm die von Menschenhand geschaffene und auf kleinem Raum lokalisierte Schönheit lieber als die göttliche Schönheit, die uns in den unbegrenzten und ewigen Räumen umhüllt! Und deshalb auch beschäftigte er sich vorzugsweise mit ihr. Irgendwo in meinen gesammelten Geringschätzungen für Goethe, für diesen vielgesichtigen falschen großen Mann, der von einer grillenhaften Kritik achteckig wie ein Palast zurechtgemeißelt worden ist, habe ich gesagt, daß ich gerecht bleiben will, und das werde ich sein, indem ich zugebe, daß er im Gebiet der Kunst manchmal aus seiner ursprünglichen Mittelmäßigkeit herausgetreten ist und das intellektuelle Niveau übertroffen hat, das ihm zu eigen war und das man heute nicht mehr schönzureden braucht. Während seiner *Reise nach Rom* begann ein Sinn für Kunst in diese eisige und nebelhafte nördliche Deutschen-Seele einzudringen. Man meint, er habe diesen Satz auf sich selbst gemünzt: »*Der gemeinste Mensch* wird hier zu etwas. Man muß sozusagen wiedergeboren werden, und man sieht auf seine vorigen Begriffe wie auf *Kinderschuhe* zurück.«[51]

Der Ausdruck ist, um die Wahrheit zu sagen, sogar schöner, als man es von dieser feierlichen und unbestimmten Feder kennt. Dennoch ist er nicht *wiedergeboren* genug, um all die Poesien dieses Rom zu begreifen, das ihn wiedergebar. Er ist nicht wiedergeboren genug, um beispielsweise die römischen Poesien des Katholizismus zu begreifen. Seine Wiedergeburt hört hier schlichtweg auf. All die transzendenten Schönheiten des katholischen Gottesdienstes glitten von seiner Seele ab, so sagt er, wie von einem Mantel aus gewachstem Tuch. Und der Vergleich mit dem Mantel war sogar noch übertrieben, denn Goethes Seele selbst ist von Natur aus nichts als ein Mantel aus gewachstem Tuch. Der protestantische Diogenes, als welcher er sich so gerühmt hat, sagte zum Katholizismus, wie jener andere Diogenes zu Alexander: »Geh mir aus der Sonne«, aber, gimpelhafter als der Grieche, fügte der moderne noch hinzu: »Du verdeckst mir die Menschheit.«[52] Tatsächlich ist Goethe ein Menschenfreund im albernsten Sinn dieses so albernen Wortes. Seine Menschenfreundlichkeit hat ihn, wie Sterne sagt, nie einen Heller gekostet, das ist wahr (mir ist diejenige des heiligen Vinzenz von Paul[53] lieber). Aber letztendlich hat er sie, der deutschen Philosophie zur Ehre, jenem Kunst-Epikureismus hinzugefügt, der ihn die menschliche Gestalt als schönste aller möglichen Gestalten empfinden ließ — denn in Rom war der griechische Heide in ihm doch stärker als der Hindu-Heide. Auch wenn er in Kunstdingen von Winckelmann inspiriert war, wie in der dramatischen Kunst später von Shakespeare, zeigte er sich dennoch geschickter, tiefgründiger, persönlicher als je in seinem Tun als Literaturkritiker, das nur tiefstes Mitleid hervorrufen kann. Eckermanns *Gespräche*, die vor einiger Zeit veröffentlicht wurden, haben uns bei ihrem Erscheinen hinreichend ergötzt durch kolossale Tölpeleien über die zeitgenössische französische Literatur, die sich wie badende Walfische im Meer an der Sonne ergehen. Auch wenn Goethes Denken, sofern es nicht dumm, vierschrötig oder sphärisch ist, trotz seiner enormen Schwerfälligkeit kaum mehr als eine Art intellektueller Rauch ist, der einem Denken eher ähnelt als wirklich eines zu sein, gibt es in seinen Kunstkritiken wenn nicht großen Glanz, so doch hier und da gelegentlich ein Glitzern. Er schreibt über den Apoll von Belvedere: »Der erhabene Hauch des Lebens, die ewige Jugend, die junge Freiheit lassen sich nicht in Gips bilden: es braucht dazu Marmor, dessen Transparenz zu Fleisch wird…«[54] Eine zutreffende Beobachtung, die man auf ihn selbst anwenden kann, auf Goethe, dessen Talent niemals jene *Transparenz, die zu Fleisch wird*, aufweist. Er nennt die Laokoon-Gruppe »eine tragische Idylle«. Ein glückliches Wort. Und was er über dieses Meisterwerk sagt, kann man auch nach Lessings Buch noch lesen.[55] Aber wie weit ist er dennoch von Lessings Gedankenfülle, vom Strom seiner Gedanken, seinem Enthusiasmus entfernt! Ach! Enthusiasmus ist dasjenige, was Goethe stets am meisten gefehlt hat, dieser Antiquars-Natur, die glücklicher war, Rom zu sehen als das Meer, dieser leidenschaftslosen Seele, mit Manien möbliert, die er wie ein Zimmer arrangierte und wie ein Museum ausstäubte; dieser Seele, die er von einem

Vater hatte, der sich ebenfalls in Kunst und Literatur herumtrieb, und einer affektierten, sanft egoistischen Mutter, die nicht wollte, daß man von ihrem Sohn sprach, wenn er als Kind krank war, weil das (wörtlich) »*ihren Gefühlen wehe tat*...«. Zwei Seelen, die nicht fähig waren, eine dritte zu schaffen, und die denn auch nur Goethe schufen.

Allerdings glaubte er selbst eine zu haben — eine Seele; was übrigens beweist, daß er über sich selbst kein besserer Kritiker war als über andere. Hat er, der geschniegelte und gebügelte, sich nicht an einem Tag unsinniger Überheblichkeit mit jenem stürmischen, tiefen, feurigen, umherschweifenden Künstler Albrecht Dürer verglichen, diesem herrlichen Bummelbruder, der in Italien großartige Gemälde gegen Papageien eintauschte und, um Trinkgelder zu sparen, Porträts improvisierte, die Meisterwerke sind, Köpfe von Domestiken, die ihm Teller mit Früchten brachten![56]

Welche Beziehung könnte es zwischen Goethe und Albrecht Dürer, diesen beiden Antipoden, geben? »Mir ist so ein armer *Narr* von Künstler« – er nennt ihn einen Narren; Beweis, daß er ihm nicht gleicht – »unendlich rührend, weil es im Grunde auch mein Schicksal ist« – was unanständig und komisch ist. »Nur daß ich mir ein klein wenig besser zu helfen weiß«, fügt er mit dem zufriedenen Lächeln des gemachten Mannes hinzu. Und da haben wir wieder den ganzen Goethe, den wahren Goethe, den wendigen Mann, den ewigen Arrangeur von Bühne und Werk, für den das Leben immer darin bestand, *sich aus der Affäre zu ziehen*, und der sich – weiß Gott! – immer gut herausgezogen hat.

Wenn man eine Seele hat, zieht man sich nicht heraus; man bleibt… zerlumpt, gebrochen; aber die Seele ist es, die den Künstler erhaben macht! Der erhabene Künstler blutet immer mehr oder weniger von den Schlägen des Lebens. Das ist ein Gesetz, von Homer bis Byron. Goethe hat nie von den Schlägen des seinen geblutet. Er hat es ausreichend gepolstert, um sich nicht zu stoßen. Er hat seine Vorkehrungen getroffen. Klug wie eine Schlange, die um ihren Schwanz fürchtet, hat er die Wahrheit unter der Hand verschwinden lassen, wenn er gelegentlich einmal auf sie traf — eine Art Fontenelle[57] ohne Grazie, mit der Anmutung eines majestätischen Scharlatans, die der Biedermann Fontenelle nicht besaß. Er war es, der, klug wie jene Schlange namens Teufel, sagte, daß es am besten sei, von Gott und den göttlichen Dingen nicht zu reden… Als ewige Haushälterin seines Glücks und seines Geistes, geschickt genug, auf den Regalbrettern des einen wie des anderen nichts zu zerbrechen, wußte er sich vor allen Ereignissen, die seine unbewegliche Ruhe hätten stören und bedrohen können, in Sicherheit zu bringen. Er verbrachte sein Leben in Betrachtung seines glorreichen Nabels, mehr noch als die Mönche vom Berg Athos, und was noch possierlicher ist als bei diesen armen Mönchen: Ganz Europa beugte sich im Kreis, auf den Knien, vor diesem glorreichen Nabel! Man hat ihm vorgeworfen, am Tag der Schlacht von Leipzig das Vorwort zu seinem Trauerspiel *Essex* geschrieben zu haben, aber nicht ich werfe ihm das vor. Ich finde es sehr schön, wenn der Künstler in seinem Traum lebt. Ich finde es sehr schön, wenn unser Balzac, als ihm an den drei Junitagen im Kugelhagel auf der Brücke ein Freund begegnet und ihm vorwirft, sich nicht um die Not der Republik zu kümmern, antwortet: »Mein Lieber, ich beschäftige mich gerade mit etwas Schwierigerem als einer Revolution, nämlich der Heirat von Monsieur de Vandenesse mit Mademoiselle de Mort-sauf.« Nur war, um auf Goethe zurückzukommen, der Traum für ihn nie eine Versenkung der Seele. Er hätte sich dabei nicht töten lassen, wie Archimedes in Syrakus[58]. Er hätte sich *aus der Affäre gezogen*, hier wie sonst. Es ist diese Abwesenheit einer Seele, gut für das Leben, aber weniger gut für das Talent, die ihn womöglich hinderte, in seinen Büchern Farbe zu bekennen, eine eigene Farbe, angerührt auf der eigenen Palette. Gall[59], an den er glaubte – denn, gimpelhaft und neugierig wie er war, mußte er an alle wissenschaftlichen Chinoiserien der Zeit glauben –, Gall hatte gesagt, mit einer Stirn von Goethes Aussehen dürfe man kein einziges Wort von sich geben, das nicht ein bildlicher Ausdruck sei. Warum gibt es dann so wenige in seinen Werken…? In seinen Memoiren, die übrigens seinen Reisen in die Schweiz und nach Italien weit unterlegen sind, gibt es nicht eine einzige farbige, runde und lebendige Seite.

Er, der immer vom Leben spricht, hat nie eines, wenn er sein eigenes erzählt. Auf diesen sechshundert tödlichen Seiten sind mir zwei Ausdrücke begegnet, die des Festhaltens wert sind. Einmal über den Klang eines Horns, das sich aus dem Tal erhob »wie ein balsamischer Dampf«, und das andere Mal über ein Mädchen, das beim Spaziergang reizender war als zu Hause und »den erquicklichen Äther, der sie umgab«, in die Heimstatt brachte. Zwei gut beobachtete Nuancen, wie man sieht, aber eben nur zwei

Nuancen — und nicht eine mehr. Auf der anderen Seite nicht ein Porträt, das einen Menschen sehen läßt, und welche Männer hat Goethe nicht gekannt? Er kannte Herder, der, nebenbei gesagt, sehr auf ihm lastete, Klopstock, Schiller, Lavater, eine Schar anderer Berühmtheiten, von denen er spricht und die er uns *nicht zeigt*. Er hatte Napoleon gesehen, der überall Brüste suchte, um sein Kreuz der Ehrenlegion daran zu heften, und der, an jenem Tag genauso schwach wie Madame de Staël, glaubte, daß Goethes Brust geeignet sei, diese Einrichtung zu vergrößern. Er hielt sie für eine europäische Brust, und dabei war sie bloß eine deutsche. Goethe spricht nicht einmal von dem Einfluß, den Herder auf ihn ausübte. Das Ungefähre im Hinblick auf Menschen und Dinge ist gleichsam die Atmosphäre seines Denkens, und es ist eben das Undefinierte, Unbestimmte dieses Ungefähren, das seinen Sätzen den Anschein wehenden Faltenwurfs verleiht, welchen man fälschlich für schriftstellerische Majestät hält, wie man seine Art, sich für alles ein bißchen zu interessieren und über nichts in Begeisterung zu geraten, für olympische Ruhe und jupiterhafte Heiterkeit hält.

Außerdem, wenn in den Memoiren Goethes der Maler fehlt, so fehlt dem Malenden auch die Tiefe der Erinnerungen. Nichts Langweiligeres (ach! immer diese Langeweile!) als dieses deutsche bourgeoise und höfische Leben an einem kleinen Fürstenhof in Deutschland, nichts Blöderes als die Ereignisse in Goethes Leben von Straßburg bis Weimar. In Straßburg, wo er *Werther* schrieb, war er doch jung und verliebt; aber Goethes Liebschaften sind alberne und schwerfällige Amouretten, denn er hat es zuwege gebracht, dieses so leichte und französische Wort ›Amouretten‹ schwerfällig zu machen, es sind bei ihm nur Kindereien von Hochzeiten zwischen kleinen Jungen und kleinen Mädchen, wenn die Zeit der Puppen und Kasperles vorbei ist. Goethe war (im eigentlichen Sinn des Worts) niemals verliebt. Diese große literarische Hauptkarte blieb von der Liebe ungezaust. Er hatte sowenig vom Genie des Herzens wie von irgendeinem anderen Genie… Es gibt in seiner *Italienischen Reise* ein – tugendhaftes – Liebesabenteuer mit einer jungen und hinreißenden Mailänderin, welches für Goethe zu bezeichnend ist, als daß ich es nicht würde erzählen wollen in dieser Studie über seine intellektuelle und moralische Natur, das heißt über den absoluten Wert dieses so seltsam und gewaltig überschätzten Mannes.

Er fügte sich in die traurige Auflösung dieses Abenteuers mit der Leichtigkeit und Weisheit eines Mannes, der sein Leben gern mit einem Gefühl *schmücken*, es aber nicht in Unordnung geraten lassen will. Die Einzelheiten seines letzten Treffens mit jener jungen Mailänderin könnten bezaubernd sein, aber er hat sie nicht gesehen, dieser Späher nach Statuen und Gemälden, der den kleinsten Plunder im Atelier umkreiste, um dessen zweifelhafte Perfektion zu bewundern. Ein Romancier – und er war Romancier – hätte viele dieser Einzelheiten festhalten können, aber er nicht. Hören Sie!

Sie lieben sich — und trennen sich, da sie nicht viel Rückhalt fanden in ihren Gefühlen, die allzu zart waren, um nicht beim geringsten Druck, beim geringsten Kontakt erschüttert zu werden. Der Bruder des Mädchens ist aufgetaucht. Nun, alles ist artig vor sich gegangen — mit einer Artigkeit, die von Zärtlichkeit und Melancholie getönt ist. Man wird sich nie wiedersehen. Goethe macht sich davon. Der Kutscher, der unten auf ihn warten sollte, ist spazierengegangen und hat den Wagen dagelassen. Goethe schickt einen kleinen Jungen, um nach ihm zu suchen, als das Mädchen, das ihn wegfahren sehen wollte, den Kopf durch das Fenster eines niedrigen Zwischengeschosses steckt und ihn neben dem Wagen stehen sieht. Deshalb sprechen sie noch ein Weilchen, während sie auf den Kutscher warten. Eine köstliche Szene, die ich mir ohne die Nüchternheit und das Schweigen dieses unbewegten Berichts vorstelle. Die Herzen, die sich schon umfangen hatten, gehen über. Die äußersten Worte drängen auf die Lippen, die Tränen stehen schon in den Augen. Ein leidenschaftlicher Mann ginge die Treppe wieder hinauf…

Goethe geht nicht hinauf. Der Kutscher nimmt ihn mit. Er hat den bitteren und sanften Zauber dieses Augenblicks empfunden, aber der Augenblick hat ihn nicht besiegt — hat ihm nicht das Herz gesprengt… Hinaufgehen und sie entführen! Sein ganzes Leben in diesem Augenblick entscheiden! Es war diesem besonnenen Epikureer nicht möglich, diesem Dilettanten der Kunst und des gefahrlosen Vergnügens, der in sein Deutschland zurückkehrte und sein Gefühl wie eine weitere Gipsarbeit unter den in Rom gekauften Gipsarbeiten mitnahm.

Ach! Du bist selber eine Gipsarbeit, ich werde dich zerbrechen…!

Die Wissenschaft

Der literarische Goethe – der Goethe der Übersetzung der *Sämtlichen Werke* von Monsieur Porchat – ist hiermit erschöpft, und man konnte sich in Kenntnis der Sachlage ein Urteil über die Kraft seiner Literatur und die Berechtigung seines Ruhms bilden. Allerdings wäre die Studie über diesen Mann, der sich für vollkommen hielt, nicht vollkommen, wenn ich nicht ein Wort über den Gelehrten sagte, der bei Goethe im Literaten steckte, und über den Menschen, der letzten Endes im Literaten und im Gelehrten steckte; denn der Mensch ist Teil des Genies oder des Talents, das man hat, und das werde ich am Beispiel Goethes beweisen: Menschen, die nicht größer sind als ihr Genie, haben kein wahrhaft großes Genie.

Goethe, der kleiner war als das Talent, das er besaß, auch wenn dieses Talent, wie man gesehen hat, nicht sehr groß war, hat weder viele Kritiker noch viele Biographen auf den Plan gerufen, und wenn dies angesichts seiner Berühmtheit auf den ersten Blick erstaunt, versteht man es doch auf den zweiten. Wenn der Ruhm eines Mannes umstritten ist, drängen die Kritiker und Biographen von überall heran. Aber wenn dieser furchteinflößende Ruhm den geistigen Memmen, die zahlreich sind, unbestreitbar scheint, nun! dann stellt der Mensch, dieser Anbeter von Natur aus, sein eigenes aus den Fugen geratenes Gehirn vor ihm in den Staub. Und das ist, zur Schande der Menschheit, bei Goethe der Fall. Ich habe Sainte-Beuve vor ihm die Stirn beugen sehen.

Was mich betrifft, kenne ich in der gegenwärtigen Literatur, da Eckermann doch nur ein Domestik ist, kaum drei nennenswerte Goethe-Biographen; *er* über *sich* zunächst, der alte Narziß, der sich sein ganzes Leben lang in allen ausgetretenen Pfaden und Wassertropfen seines Werks betrachtete; er, der Vater all seiner anderen Biographen, von dem insbesondere Monsieur Henry Lewes[60] abstammt, Verfasser eines Buches mit dem Titel *Goethes Leben*, das in England, dem klassischen Land der Biographie, nach Bedeutung heischt; und schließlich Professor Faivre[61] in Frankreich, der in Wahrheit weniger Biograph als Kritiker ist und in seiner Eigenschaft als Kritiker und Gelehrter ein wenig besser als die anderen den Niedrigkeiten der allgemeinen Bewunderung zu entgehen wußte.

Dennoch ist er nicht völlig unberührt davon. Monsieur Ernest Faivre hat nicht – à la Porchat – die *wissenschaftlichen* Werke Goethes übersetzt. Er hat sich nicht vor diesen Karren gespannt, wie sich der unglückliche Monsieur Porchat mit den Zugriemen des Kauderwelsch-Deuters vor die unerbittliche Fuhre der – *sämtlichen* – literarischen *Werke* gespannt hat! Monsieur Faivre hat die wissenschaftlichen Werke Goethes aufmerksam gelesen – das ist schon keine schlechte Leistung – und sie in einem Buch beurteilt, das grundlegend ist in allem, was Goethe nicht direkt betrifft... auf schüchterne Weise, das ist wahr; der gewaltige Gongschlag von Goethes Reputation muß auf die Mandarins-Nerven des Professors seine Wirkung getan haben, denn Monsieur Faivre ist ein Professor. Goethe ist als Mandarin geboren und hat seiner Mandarins-Hose so viele Knöpfe hinzugefügt, daß er allen Professoren, allen Kandidaten des Instituts, die diese Hose lieben, teuer sein muß. Aber der Professor in Monsieur Faivre hat dieser chinesischen Faszination widerstehen wollen. Er hat es nicht gewagt zu behaupten, daß Goethe eine große wissenschaftliche Berufung gehabt habe. Goethe, der alle Berufungen zugleich hatte, von der Geologie bis zum Pikettspiel, von der Chemie und sogar der Alchimie bis zum Tanz und zum Schlittschuhlaufen – erinnern Sie sich, wie er mit dem roten Pelz seiner Frau Mutter Schlittschuh läuft![62] – Goethe, der für alles taugte, was soviel bedeutet wie daß er zu nichts berufen war, war auf die Wissenschaft nicht besser vorbereitet als auf die Literatur... Mittelmäßig in der Wissenschaft wie in der Literatur, aber aufmerksam und dadurch bis zu einem gewissen Grad von Scharfsinn gelangend, hatte er das Verdienst, in der Naturgeschichte die *Einheit der Bildung* zu entdecken, aber das Glück (mehr als das Verdienst), zu ihrer Mitteilung und Verbreitung über die mächtige Stimme von Geoffroy Saint-Hilaire[63] zu verfügen, der sie bewies und mit der großherzigen Ehrlichkeit des Genies anerkannte, daß Goethe von ihr bereits einen Schimmer gehabt hatte… In der Botanik war die Metamorphose der Pflanzen ein Ruhmestitel Goethes, im Rahmen der Wissenschaft, wie in der Anatomie die Entdeckung des Zwischenkieferknochens. Aber nach diesen drei exakt durchgeführten Beobachtungen (in dieser Studie wird nichts verschwiegen) muß man aufhören und die Bestandsaufnahme Goethes leise schließen. Man findet weiter nichts als Krimskrams, die wissenschaftliche Entsprechung zum literarischen Krimskrams seiner *Sprüche*, *Xenien*, von *Dichtung und Wahrheit*, den *Weissagungen des Bakis*, den *Unterhaltungen deutscher Ausgewanderten* etc. etc. Was seine *Optik* betrifft, seine *Farbenlehre* und seine *Kritik an Newton*, die größte Einbildung seines Lebens, muß man lesen, was Professor Faivre in seinem Buch darüber sagt, trotz des Gongschlags, der seine Nerven lähmte. Ich bin kein Gelehrter, ich habe keine Ansicht zu vertreten über die mehr oder weniger große Falschheit von Goethes Einwänden gegen Newtons *unerschütterte*, wenn nicht *unerschütterbare* Theorie; aber was ich konstatieren kann und muß, sind der anmaßende Dünkel, die verbohrte Wut, das tolle Geschwätz dieser unglaublichen Einbildung. Der einzige Kummer im Leben Goethes, dieses unverschämt vom Glück Begünstigten, dieses Nebukadnezar[64], der stehen blieb und dem Gott das Kraut, auf das er Anrecht hatte, nicht zu essen gab, bestand in dem geringen Erfolg seiner *Kritik an Newton* und der Verachtung, der sie anheimfiel. Er schätzte diese Theorie gegen Newton höher ein als seinen *Faust*… wie Monsieur Ingres seinen Fiedelbogen höher einschätzte als seinen Pinsel und Mademoiselle Mars ihre mittelmäßige *Gesangsstimme* höher als ihre göttliche *Sprechstimme*. Was nicht heißen soll, daß Goethes *Faust* göttlich sei.

Im übrigen war es das Schicksal dieser Theorie, jene geistvollen Menschen zu rächen, die durch Goethes schmachvolles Glück beleidigt worden waren. Bis dahin war er nur unerträglich gewesen, dieser literarische Turcaret[65]. Aber von seiner Theorie gegen Newton an war er lächerlich; unglücklicherweise geschah dies in einem Kreis, wo die Kenner des Lächerlichen gering an Zahl und nicht zu Heiterkeit aufgelegt waren. Immer der gleiche wie in der Literatur, wollte Goethe alle Naturwissenschaften auf einmal betreiben und schaffte in keiner jenen Hieb mit der Spitzhacke, der zum felsigen Kern der Sache vordringt. Er war kaum zu etwas anderem geeignet als dazu, in allen Unterhölzern der Wissenschaft herumzustöbern, wie der Jagdhund die Witterung des Wildes aufnimmt… Eine Art wissenschaftlicher Windhund, der zwei oder drei Kaninchen aufgespürt hat. Aber hätte, bei seinen auf alle zeitgenössischen Nichtigkeiten verteilten Gaben, der Gewandtheit eines Geistes, der sich über alles hermacht, und seinen ewigen Bummeleien auf allen Wegen der Gelehrsamkeit, etwas Besseres herauskommen können? Es gäbe eine schreckliche Antwort auf diese Frage, wenn seine Bewunderer sie denn stellen würden, nämlich die Theorie gegen Newton. Wo hatte er sie aufgeschnappt, diese Theorie? Es ist ein pikanter Zusammenhang für uns, ein niederschmetternder für Goethe; vor ihm, kurz vor ihm hatte sich ein Mann zynisch gegen Newton aufgelehnt, und das war… wer? Ob Sie staunen oder nicht: es war Marat!

Ja! Marat, bevor er MARAT wurde, als er noch ein kleiner Arzt im Hundezwinger von Versailles war; Marat, der wie Goethe wissenschaftliche Anlagen besaß und über das Feuer, das Licht, die Farben Forschungen angestellt hat, die man, wie es scheint, noch immer respektiert. Marat, ein revolutionärer Geist logischerweise, hatte den politischen Königsmord zweifellos durch einen intellektuellen Königsmord vorbereiten wollen. Aber mit Newtons Kopf hatte er weniger Glück gehabt als mit dem Kopf Louis XVI. Er fand ihn zu schwierig abzuschneiden, und so war er auf den unsterblichen Schultern geblieben, auf die ihn Gott gesetzt hatte, wie ein unauslöschlicher Leuchtturm für alle zukünftigen Neider. Goethe, der Marats Gedanken teilte, erneuerte dessen Versuch, nachdem er ihn glorifiziert hatte; aber, erdrückt durch Newtons Buch, rächte er sich mit den folgenden erstaunlich hübschen und poetischen Worten: »Newtons Buch ist ein *Mischmasch* aus Kraut und Rüben« – in Goethes deutschem Hirn ist immer ein bißchen Sauerkraut – »und wird *den wohlerzogenen Menschen* ebensoviel *Widerwillen* einflößen wie mir, als ich darin *blätterte*«, er sagt nicht *las*. Es genügt, Newton durchzublättern, um ihm zu antworten und ihn zu vernichten! Dies ist der feinste und köstlichste Zug an dem ohnehin schon so köstlichen Stück. Hier läßt man das Unvermögen des Geistes hinter sich und betritt den Wahn des Hochmuts. »Ich kann mich noch so sehr anstrengen, bescheiden zu sein, es ist mir unmöglich zu glauben, daß ich ein Dummkopf bin«, sagte Voltaire. Goethe schreibt weniger spritzig: »Um in der Welt Epoche zu machen, braucht man einen guten Kopf und ein großes Erbe. Napoleon beerbte die französische Revolution, Peter der Große den Krieg in Sibirien, Luther die Ignoranz des Klerus, ICH DEN IRRTUM DER LEHRE NEWTONS.«[66]

Gewiß! Wenn es ihm, nachdem er dieses schrieb, unmöglich war, sich für einen Dummkopf zu halten, dann weil er ein noch größerer war als Voltaire.

Enden wir also mit diesem Wort eines Kepler ohne Genie. Außerdem kann man, nachdem er unter dem Gebirge Newton zerdrückt worden ist, in Goethe nur noch den Menschen sehen, und zwar durch die Ruinen des Gelehrten und des Literaten. Es bleibt nur noch die Biographie zu befragen. Diejenige, die Henry Lewes in England veröffentlicht hat, datiert, glaube ich, von 1855. Sie ist eine der modernsten, wenn nicht die modernste. Der Verfasser, Monsieur Lewes, ist weder ein Gelehrter noch ein Kritiker noch ein Philosoph; er ist einfach nur ein Biograph, und seine Biographie ist, wie ich schon sagte, aus Goethes Autobiographie hervorgegangen wie ein Kind aus der Mutter. Von monumentaler Länge, ist diese Biographie gleichwohl im Hinblick auf Neuigkeiten so leer wie ein Hungerturm, gefüllt nur mit Sachen, die Goethe selbst in allen seinen Schriften in Umlauf gebracht hat und die in der Welt seit langer Zeit die Runde machen. Henry Lewes zeigt nicht die schamvolle Röte Ernest Faivres, der nicht von Goethe fasziniert sein will und es wegen dessen Mandarinshose dennoch ein wenig ist. Der Angelsachse ist resoluter. Er ist komplett fasziniert und versteckt es nicht. Er spürt die Tam-Tam-Schläge von Goethes Reputation nicht in seinen zarten Nervenbahnen wie Monsieur Faivre; er spürt sie in seinen starken Muskeln und sogar mitten im Gehirn. Gleich bei den ersten Gesamturteilen über die Beschaffenheit des Menschen Goethe erkennt man den Staël'schen Tonfall wieder. Man erkennt den Nachklang der Bajadere mit dem goldenen Tamburin (aber ohne das Tamburin), die vor Goethe, dem deutsch-hinduistischen Idol, tanzte wie David vor der Bundeslade, und deren klangvolles Buch *De l'Allemagne* eine Schwingung ausgelöst hat, die immer noch Europas Luft durchzittert.

Alle veralteten Metaphern, die seit Madame de Staël über Goethes Gestalt gehuscht sind und seinen Schatten verlängert haben, tauchen in Monsieur Lewes' Buch wieder auf und wirken, auch wenn sie auf englische Weise aufgefrischt sind, ganz schrecklich welk. Der gänseflügelige Gemeinplatz schwebt mit Kondor-Spannweite darüber hin und würde am liebsten den gesamten menschlichen Geist unter seine dummen Fittiche nehmen. Goethe, dieser Spielwarenhändler deutscher Gelehrsamkeit, den wir mittels seiner Schriften klar und wie er wirklich war, zu sehen versucht haben, mit seiner mittelmäßigen Natur und seinem guten Gedächtnis, dieser trockene Egoist, der seine Seele aufzieht wie ein Uhrmacher seine Uhr, mit der gebotenen Vorsicht, um sie nicht zu beschädigen, wird in dem Buch von Monsieur H. Lewes wieder zu dem großen Überschätzten — der großen Pagode, die er sein ganzes Leben lang zu sein vorgab... dem poetischen, philosophischen und wissenschaftlichen Messias der modernen Zeit, gestorben ohne Kalvarienberg hinter den Vorhängen eines schön gewärmten Bettes nach achtzigjährigem Wohlleben, und dessen Ankunft in der sublunaren

Welt im Jahre 1749 unseres glücklichen Zeitalters durch eine Konjunktion verschiedener Planeten (nicht weniger als das!) angekündigt worden war.

Es ist nicht Monsieur Lewes, der diese großartige Legende in Goethes Namen und zu seiner Ehre erfunden hat, sondern er wiederholt, was Goethe selbst geschrieben hat. Goethe, dieser Denker des 19. Jahrhunderts, dieser ungläubige Harlekin aus den Splittern und Stücken ALLER Systeme von Platon bis Leibniz, dieser fromme Frevler, der auf der gleichen Seite von *Gott und den Göttern* spricht, hat als erster die Rede auf die Sterne gebracht, unter denen er geboren wurde. Ist es Hochmut oder Leichtgläubigkeit? Möglicherweise ist es beides. Jedenfalls war Goethe, dieser Gargantua von Goethe, großmäulig genug, um diesen gewaltigen Schwindel von einer urteilsfähigen Astrologie herunterzuschlingen, ohne dabei zu lachen, vielleicht weil es ihm gelang, und Monsieur Henry Lewes, dem es nicht gelingt, lacht auch nicht!

Zusammenfassung

Nun, es ist diese unbeirrbare Ernsthaftigkeit, die im Leben Goethes überall gegenwärtig ist und die alle Welt im Umgang mit ihm bewahrt hat, selbst wenn er dergleichen Possen wagt, es ist diese Ernsthaftigkeit, die aus Goethe das gemacht hat, was er ist — also diese moralische Mumie, die nie gelebt hat und aus der man einen großen Mann machen will!

Ich habe zu Beginn dieses Artikels gesagt, daß geniale Menschen noch größer als ihr Genie sein müssen, um groß zu sein, oder daß ihr Genie mit ihrer Seele wenigstens auf gleicher Höhe stehen müsse. Der Beweis dafür läßt sich auf jeder Seite der Geschichtsschreibung finden. Die Seele Jean-Jacques Rousseaus war niedrig; Pascal, der Rousseau in jeder Hinsicht überlegen war, besaß eine verwirrte, zitternde und ungestüme Seele. Auch waren beide nur relativ gesehen Genies, fragmentarisch, ohne Gleichgewicht, ohne Festigkeit und harmonische Größe. Goethe, kalt wie ein Walfisch geboren, fehlte, selbst wenn er das Genie gehabt hätte, das ich ihm abspreche, das Substrat des Genies, der Kandelaber einer Seele, an dem er sich hätte entzünden können. Aber was der Moral, von der er wenig besaß, noch unangemessener war als dem Genie, das er nicht besaß, ist die Ernsthaftigkeit, mit der alle Welt stets den *ganzen* Goethe gefeiert hat, mit allen Torheiten seines Geistes, allen Anmaßungen seiner Eitelkeit, allen Extravaganzen seiner Phantasie. Andächtig und respektvoll hat die Welt all das in sich aufgenommen.

Leidenschaften, abgesehen von wissenschaftlichen oder literarischen, hatte Goethe nicht. An Lastern erkenne ich ihm nur eines zu — denn das Laster ist eine Gewohnheit... Er führte mehr als fünfzehn Jahre seines Lebens eine wilde Ehe. Er war für das Konkubinat geboren, dieser Mann der *Wahlverwandtschaften*.

Wie Rousseau, der einmal Lakai gewesen war, heiratete der Herr Staatsrat von Goethe am Ende seine Magd. Diese Magd taugte zwar mehr als die pöbelhafte Thérèse, mit der Rousseau wenigstens keine Mesalliance einging, aber sie wurde nicht mehr wert dadurch, daß Europa diese Verbindung des großen Goethe, der in aller Ruhe unter den Augen seines Fürsten und der Welt im Konkubinat lebte, mit Schweigen überging. Das moralische und protestantische Deutschland hatte die Situation akzeptiert, wie es diesen Mann akzeptiert hatte, dem alles erlaubt war, sogar lächerlich zu sein, ohne daß seine Würde Schaden nahm. Wenn dieser literarische Hagestolz sich von Zeit zu Zeit ganz unwürdige Dinge leistete, die von seinen Ansichten abstachen, dann hätte der Peitschenschlag eines von der öffentlichen Meinung angestimmten Gelächters ihn vielleicht dazu bringen können, sich zu fragen, ob es nicht Dinge gibt, die ebenso und sogar mehr als er selbst Respekt verdienten, und dann hätte er sie ernstgenommen.

Außerdem entsprach dieses Winterquartier permanenten Glücks, in dem er seine Tage zubrachte und das ihn, wie man an seiner Kälte sieht, eher verhärtet als verweichlicht hat, genau den Bedürfnissen seiner Seele. Ach! Er war schon ein Satrap[67], dieser Artaban[68]. Er hat den *Divan* geschrieben, war aber kein Kalif. Dieser Augenmensch, der immerzu von seinen Augen sprach, der nur durch seine Augen lebte, ließ sie nie in Gold und Purpur baden. Dem Haus dieses Dichters fehlte es im Innersten an Poesie. Dieser Liebhaber von schönem Marmor umgab sich nur mit Gips… Er setzte sich nicht wie der Kapuzinerkardinal Micara[69] vor dem stehenden Abgesandten Österreichs auf einen Schemel, um Respekt für die stolze Strenge der Heiligen Kirche einzufordern, sondern er setzte sich auf einen hölzernen Stuhl, um zwischen zwei Kerzen mager zu soupieren, wobei er sich zwischen diesen beiden Kerzen, das ist wahr, die Frage stellte, die sein Leben und sein Denken verfolgte und die durch die Erfindung der Stearinkerze gelöst worden ist: Wie spart man die Lichtputzschere ein…? Als Epikureer, wie er gleichzeitig – es kostete ihn ja nichts – Stoiker war, lehnte er sie nicht grundsätzlich ab, benutzte aber keine. Er war nicht maßvoll, sondern geizig. Und dort wie überall, im feierlichen Staatsrat wie im Dichter, der in seinem Strahlenkranz posiert, finde ich, gleich einer Ratte im Kleiderschrank, meinen ewigen Kleinbürger wieder.

Geiz! Egoismus! Kleinbürgerlichkeit! Wurde er deshalb von aller Welt so geliebt, dieser Mann, der selber niemanden liebte? Erkannten Geiz, Egoismus, Kleinbürgerlichkeit sich in ihm wieder und bewunderten sich selbst, indem sie ihn bewunderten? Ich weiß es nicht, aber solange er lebte, wurde keine Kapelle öfter von Pilgern heimgesucht als sein Häuschen in Weimar... Europa brandete in unaufhörlichen Wogen heran. Dieser Günstling der Welt, die ihm alles schenkte, was ein geistesschwacher König einem Günstling schenken kann, bekam von der Welt Genie, Leidenschaft und sogar Tränen zugesprochen, die er nicht besaß und die man ihm erfand.

Statuen gibt es heutzutage für jeden; aber für ihn schuf man letzte Worte, die dauerhafter sind als Marmor. Sterbend sagte er, was alle Sterbenden und alle Kranken sagen: Er verlangt nach Licht, immer nach Licht! Vielleicht dachte er immer noch an das Problem mit den Wachskerzen und der Lichtputzschere, das ihn seit seiner ersten Stunde verfolgt hatte... Und man unterstellte diesem Wort erhabene Intentionen und Bestrebungen. Als Skeptiker hatte er nur einen Schluck Spinoza zu sich genommen, dessen berauschende Wirkung schnell verflogen war, sich aber im Leben stets so wohl befunden, daß er womöglich gar nicht enden und die Unsterblichkeit erlangen wollte.

Ein einzigartiges Beispiel in der Literaturgeschichte, die so viele Usurpationen hervorgebracht und falsche Meriten verteilt hat, aber niemals in so kolossalen und ungeheuerlichen Dimensionen. Man liest ihn schon heute kaum noch; bald wird man ihn gar nicht mehr lesen. Aber wie die persischen Könige wird er durch seine Unsichtbarkeit noch gewinnen. Dagegen wird gar nichts helfen, nicht einmal diese Studie gegen die schwachsinnige Routine seines Renommees. Die Moral dieser Arbeit betrifft nicht Goethe, der als Toter so wenig wie zu Lebzeiten für eine Moral taugt. Sie betrifft uns selbst. Sie verleidet stolzen Geistern (wenn es welche gibt) den Ruhm, an dem sie sonst Gefallen finden könnten!

Matthes & Seitz Berlin

Anmerkungen

1 kleiner Schanker: eine der Erscheinungsformen der Syphilis.

2 Germaine Necker, Baronne de Staël-Holstein (1766–1817), verfaßte im Anschluß an ihre zwei Deutschland-Reisen 1803/04 und 1807/08 die umfangreiche Schrift *De l'Allemagne* (Über Deutschland), die erste internationale Bestandsaufnahme der kulturellen Leistungen der deutschen Klassik, der Frühromantik und der Goethe-Zeit. Die 10 000 Exemplare der Erstausgabe von 1810 wurden auf Befehl Napoleons vernichtet; die zweite Auflage erschien 1813 im Londoner Exil. Das Werk wurde in zahlreiche Sprachen übersetzt und weckte international ein vorher kaum vorhanden gewesenes Interesse an der deutschen Kultur — auch weil die Autorin es glänzend verstand, selbst abstrakte Gegenstände, wie die Philosophien von Kant, Fichte, Schelling, anschaulich darzustellen.

3 François Joseph Talma (1763–1826) war einer der berühmtesten Schauspieler Frankreichs. Ursprünglich Zahnarzt, debütierte er 1787 an der Comédie Française und gründete 1789 nach sensationellen Erfolgen sein eigenes Theater, das Théâtre de la République, das zehn Jahre später mit der Comédie Française wiedervereinigt wurde. Er re-

volutionierte die Aufführungspraxis durch seinen mehr emotionalen als deklamatorischen Stil, der für das Theater der Romantik wegweisend wurde, und dadurch, daß er die Stücke in Kostümen der Zeit, in der sie spielen, aufführen ließ. Madame de Staël, die ihn nach Genf eingeladen und in ihrem Schloß Coppet beherbergt hatte, widmete ihm in ihrem Buch *Über Deutschland* einige enthusiastische Seiten.

4 Johann Wolfgang von Goethe, *Tag- und Jahreshefte*. In: Ders., *Werke*. Hamburger Ausgabe, Bd. 10, S. 434 (Hervorhebungen von Barbey d'Aurevilly).

5 Ob mit Absicht oder nicht, Barbey d'Aurevilly verdreht Goethes Intention ins Gegenteil. In den *Tag- und Jahresheften* schreibt Goethe über das Jahr 1793 anläßlich seines im Jahr darauf erschienenen Epos *Reineke Fuchs*: »Eben dieser widerwärtigen Art, alles Sentimentale zu verschmähen, sich an die unvermeidliche Wirklichkeit hinzugeben, begegnete gerade ›Reineke Fuchs‹ als wünschenswertester Gegenstand für eine zwischen Übersetzung und Umarbeitung schwebende Behandlung.« (Goethe, *Tag- und Jahreshefte*, Bd. 10, S. 438)

6 Held der gleichnamigen Märtyrertragödie von Pierre Corneille (1642/43).

7 Charles Maurice de Talleyrand (1754–1838) steht im Ruf eines der gerissensten Staatsmänner aller Zeiten. Obwohl ursprünglich Geistlicher und Bischof von Autun, schloß er sich der französischen Revolution an und beantragte die Einziehung der Kirchengüter, woraufhin er vom Papst mit einem Bann belegt wurde. Der Verdacht, er konspiriere mit dem entthronten König, zwang ihn zur Emigration, doch wurde er nach seiner Rückkehr nach Frankreich 1794 zum Außenminister ernannt. Talleyrand unterstützte Napoleons Staatsstreich und diente ihm bis 1807 in gleicher Funktion. Nach dessen Sturz setzte er sich für die Rückkehr der Bourbonen ein und wurde von Louis XVIII erneut zum Außenminister gemacht. Während des Wiener Kongresses sicherte er mit großem Geschick Frankreichs Stellung im europäischen Machtgefüge, fiel jedoch wenig später in Ungnade und trat zurück. 1830 hatte er bei der Thronbesteigung des »Bürgerkönigs« Louis-Philippe abermals seine Hand im Spiel und vertrat ihn anschließend als Botschafter in London.

8 François-Hédelin, Abbé d'Aubignac (1604–1676), Priester und Literat, veröffentlichte die einflußreiche Schrift *La Pratique du théâtre* (1657), in welcher er sich auf die Dramentheorie des Aristoteles beruft. Die Forderung nach der Einheit des Orts, der Zeit und der Handlung hielt er für unverzichtbar, um die Wahrscheinlichkeit des Dramas zu garantieren. Die wichtigste Regel aber bestand seiner Ansicht nach darin, daß die Tugend stets belohnt oder wenigstens gelobt und das Laster stets bestraft werden müsse. Seine eigenen Tragödien verfaßte d'Aubignac meist in Prosa und ließ sie dann von anderen Autoren in Verse bringen. Sie blieben weitgehend erfolglos. 1663 überwarf er sich mit Corneille, den er zuvor protegiert hatte. Voltaire bezeichnete d'Aubignacs *Zénobie* als »die lächerlichste Tragödie, die nach den Regeln des Aristoteles geschrieben wurde«. Auch Lessing äußert sich respektlos über ihn.

9 Antoine Charles La Motte-Houdar (auch Houdar de la Motte, 1672–1731), Verfasser von Dramen und Opernlibretti. In seinen *Réflexions sur la tragédie* (1730) empfahl er den Gebrauch der Prosa und die Abschaffung der drei Einheiten, da diese zu viele Unwahrscheinlichkeiten nach sich zögen. Um die Nutzlosigkeit bzw. die rein dekorative Funktion der Verspoesie zu beweisen, übertrug er sogar Racines *Mithridates* in Prosa — ein Experiment, bei dem vom Original nicht mehr viel übrig blieb.

10 Am 6. Januar 1787 berichtet Goethe in seiner *Italienischen Reise*: »Am ersten Christfeste sah ich den Papst und die ganze Klerisei in der Peterskirche, da er zum Teil vor dem Thron, zum Teil vom Thron herab das Hochamt hielt. Es ist ein einziges Schauspiel in seiner Art, prächtig und würdig genug, ich bin aber im protestantischen Diogenismus so alt geworden, daß mir diese Herrlichkeit mehr nimmt als gibt; ich möchte auch wie mein frommer Vorfahre zu diesen geistlichen Weltüberwindern sagen: ›Verdeckt mir doch nicht die Sonne höherer Kunst und reiner Menschheit.‹« (Goethe, *Italienische Reise.* In: Ders., *Werke*, Bd. 11, S. 156)

11 Pierre-Augustin Caron de Beaumarchais (1732–1799) schrieb mit seinen Komödien *Le Barbier de Séville* (1775) und *La folle journée, ou le mariage de Figaro* (verfasst und mehrfach überarbeitet 1775–78, uraufgeführt 1784; von Gioacchino Rossini bzw. Wolfgang Amadeus

Mozart vertont) zwei der erfolgreichsten Theaterstücke des 18. Jahrhunderts. Goethe bediente sich des *Fragment de mon voyage en Espagne* (1774) aus dem vierten und letzten Band von Beaumarchais' Memoiren als Vorlage für seinen noch im gleichen Jahr geschriebenen und uraufgeführten *Clavigo*.

12 Anna Elisabeth Schönemann (1758–1817). Ostern 1775 verlobte sich Goethe mit der Frankfurter Bankierstochter, doch wurde das Verlöbnis schon im Sommer in beiderseitigem Einvernehmen gelöst.

13 Wahrscheinlich spielt Barbey d'Aurevilly auf den Spitznamen von Cathérine Hubscher, Gattin des Marschalls von Frankreich unter Napoleon, Lefebvre, an. Wegen ihres zwanglosen Auftretens wurde sie »Madame Sans-Gêne« (Frau Ungeniert) genannt. Victorien Sardou hat unter diesem Titel später eine Komödie über sie verfaßt (Uraufführung 1893).

14 Tragödie von Jean Racine (1639–1699), 1669 uraufgeführt.

15 Nicolas-Charles-Joseph Trublet (1697–1770), Geistlicher, Freund Voltaires. Dieser charakterisierte ihn in einem Dreizeiler, dessen letzter Vers Trublet berühmter machte als alle seine eigenen Werke. Er lautet: »Er kompilierte, kompilierte, kompilierte!« Trublet selbst soll ihn mit Behagen zitiert haben.

16 Barbey d'Aurevilly bezieht sich auf ein Distichon aus der zweibändigen – von Goethe übrigens geschätzten – Sammlung *Les Chants populaires de la Grèce moderne*, die Charles Claude Fauriel 1824–25 in Paris herausgab. In der deutschen Übertragung von Wilhelm Müller lautet es: »Als auf die Erd' ich ausgespuckt, hat sie's nicht angenommen. / Sie sprach: Wie du vergiftest mich mit deinem grossen Jammer!« (*Neugriechische Volkslieder*, gesammelt und herausgegeben von C. Fauriel. Übersetzt und mit des französischen Herausgebers und eigenen Erläuterungen versehen von Wilhelm Müller, Leipzig: Leopold Voss, 1825, Bd. 2, S. 137)
Die Hinwendung zum Volkslied lag in Fauriels Zeit, begünstigt durch die romantische »Natürlichkeits«-Ideologie und durch den Umstand, daß man in ihm den – vermeintlichen oder echten – Ausdruck nationaler Eigentümlichkeit zu finden glaubte. In Deutschland hatte Her-

der mit seiner Sammlung *Stimmen der Völker in Liedern* (1778/79, der Titel stammt von der Herausgebern der ersten Gesamtausgabe Herders 1805–07) einen Anfang gemacht. Viele andere Sammlungen, wie *Des Knaben Wunderhorn* von Ludwig Achim von Arnim und Clemens Brentano (1805, vordatiert auf 1806), folgten. Daß gerade Fauriels Sammlung griechischer Volkslieder ein beachtlicher internationaler Erfolg beschieden war, lag nicht zuletzt an der europaweiten Anteilnahme am Kampf der Griechen um die Unabhängigkeit vom Osmanischen Reich. Wilhelm Müller spielt in der Vorrede zum ersten Band seiner Übersetzung darauf an, wenn er schreibt: »Volkslieder sind Stimmen der Völker. Und so möge auch die kraftvolle, aus tiefster Brust empor klingende Stimme des griechischen Volkes in die Ohren derer tönen, die Ohren haben zu hören. Wer aber seine Sinne durch türkisches Opium umnebelt und erschlafft hat, der schone seines Trommelfelles. Er möchte diesen Stentor nicht ertragen können.« Müller selbst – wegen seines Philhellenismus auch »Griechen-Müller« genannt – schuf die beiden volksliednahen Gedichtzyklen *Die schöne Müllerin* und *Die Winterreise*, die Franz Schubert 1824 bzw. 1827 vertonte.

Prosper Mérimée nahm Fauriels Sammlung zum Vorbild für seinen Band *La Guzla, Choix de Poésies illyriques* (1827). Bei diesen angeblich »illyrischen« Gedichten handelt es sich freilich um eine Mystifikation, denn weder wurden sie aus irgendeiner Sprache übersetzt noch hat es den serbokroatischen Volksbarden und Guzlaspieler Maglanovitch, den Mérimée fingiert, je gegeben.

17 Der Schweizer Schriftsteller und Lehrer Jacques Porchat (1800–1864) übersetzte die 1860–63 erschienene zehnbändige Goethe-Ausgabe für den Pariser Verlag ›Hachette‹, deren Neuauflage den Anlaß zu Barbey d'Aurevillys Schmähschrift gab. Außerdem schrieb er Kinderbücher sowie eine Geschichte Ludwigs des Heiligen und der Jungfrau von Orléans.

18 Pastorale: Schäferspiel, Bezeichnung für idyllische Bühnenstücke über Stoffe aus dem idealisierten Hirtenleben. Barbey d'Aurevilly spielt hier wohl insbesondere auf Goethes 1779 uraufgeführtes Schäferspiel *Die Laune des Verliebten* an.

19 Als ›Berquinade‹ wird in Frankreich ein fades, geistloses Werk bezeichnet. Der unfreiwillige Stifter des Begriffs, Arnaud Berquin (1747–1791), dichtete Romanzen und Pastoralen sowie, angeregt und beeinflußt durch Rousseau, zahlreiche Werke für Kinder.

20 Seladon (bzw. Céladon) ist eine der Hauptfiguren des mehrere tausend Seiten starken barocken Schäferromans *L'Astrée* von Honoré d'Urfé (1568–1625). Anhand der zahlreichen Schäferinnen und Schäfer des Romans werden unterschiedliche Liebeskonzeptionen dargestellt. »Zärtlich wie Seladon« wurde durch den europaweit als Lehrbuch der Galanterie rezipierten Roman zu einer feststehenden Wendung. Infolge dieses Einflusses taucht der Name Seladon für einen treuen und zartfühlenden Schäfer in der Dichtung des 17. Jahrhunderts relativ häufig auf.

21 Jean-Pierre Claris de Florian (1755–1794), Fabeldichter, Erzähler und Dramatiker.

22 Menander (342/341–293/292 v. Chr.), griechischer Komödiendichter. Von seinen über 100 Stücken sind die meisten nur dem Namen nach bekannt. Die erhalten gebliebenen haben, vor allem im Hinblick auf die eingesetzten dramaturgischen Mittel, die europäische Komödientradition nachhaltig geprägt.

23 (lat.) »Ein ohne Mutter geborenes Kind« (Ovid, *Metamorphosen*, Zweites Buch). Charles de Montesquieu wählte die Stelle als Motto für seine Schrift *De l'esprit des lois* (Vom Geist der Gesetze, 1748).

24 Barbey d'Aurevilly spielt auf die bekannteste Komödie von Jean-François Regnard (1655–1709) an: In *Le légataire universel* (Der Universalerbe, 1708) droht der alte Geizhals Géronte ohne Testament zu sterben. Um das zu verhindern, schlüpft der listige Diener Crispin in seine Rolle und diktiert zwei herbeigerufenen Notaren mit Grabesstimme das angebliche Testament. Darin wird zwar Crispins Dienstherr, Gérontes Neffe Éraste, als Universalerbe eingesetzt, doch auch Crispin und seine Braut Lisette werden mit Bargeld und einer lebenslänglichen Rente reich bedacht.

25 August Lafontaine (1758–1831), deutscher Theologe und Schriftsteller. Lafontaine war einer der meistgelesenen Schriftsteller seiner Zeit.

Seine rund 160 Romane und Erzählungen gehören fast alle ins Genre der trivial-sentimentalen Familien- und Gesellschaftsgeschichte und fanden durch Übersetzungen auch in Frankreich Verbreitung.

26 Vaudeville: Gesangsposse; seit dem 18. Jahrhundert in Frankreich eine Bezeichnung für volkstümlich-unterhaltende oder satirische Theaterstücke mit Liedeinlagen nach bekannten Melodien, die vom Publikum oft mitgesungen wurden. Das Wort ›Vaudeville‹ leitet sich wahrscheinlich von »Vau de Vire« (dem Tal der Vire in der Normandie) ab, wo Olivier Basselin um die Mitte des 15. Jahrhunderts lustige, in seiner Heimat viel gesungene Trinklieder dichtete. Nach einer anderen Herleitung ist es auf »voix de ville« (Stimme der Stadt) zurückzuführen.

27 Heinrich Heine besuchte Goethe 1824 im Anschluß an seine Harzreise in Weimar. Schon drei Jahre zuvor hatte er ihm seine Gedichte zugeschickt, ohne eine Antwort zu erhalten. In seinen Briefen äußert sich Heine Monate nach seinem Besuch sehr kritisch über Goethe, sein Aussehen, seine gesellschaftliche Rolle. An Rudolf Christiani schreibt er am 26. Mai 1825: »Ich liege also in wahrhaftem Kriege mit Goethe und seinen Schriften.«

28 Pierre Louis (genannt Henri) Grévedon (1776–1860), Maler und Grafiker, arbeitete in Rußland, in Stockholm und in London, bevor er nach Paris zurückkehrte. Am bekanntesten sind seine Lithographien, die – wie berichtet wird – besonders beim weiblichen Publikum Anklang fanden.

29 matagrabolisiert: Barbey d'Aurevilly entlehnt dieses lautmalerische Wort aus Victor Hugos *Notre-Dame de Paris* (1831). Die Handlung des Romans spielt im Jahre 1482. Im 6. Kapitel des 2. Buches gerät der Dichter Gringoire in eine Bande von Kriminellen aus der Pariser Unterwelt. Um sein Leben zu retten, versucht er in einer grotesken Szene zu beweisen, daß er einer der ihren sei, und zwar indem er sich auf die Gesetzlosigkeit berühmter Dichter beruft: auf den Vagabunden Äsop, den Bettler Homer, den Dieb Mercurius… Diese subtilen Argumente überzeugen indessen nicht, und Gringoire wird angefahren: »Je crois que tu veux nous matagraboliser avec ton grimoire. Pardieu, laisse-toi pendre, et pas tant de façons!« (Ich glaube,

du willst uns mit deinem Geschwätz [›grimoire‹ bezeichnet eigentlich ein unverständliches Buch] verwirren. Zum Teufel, laß dich hängen und gib Ruh!)

30 Logogriph: Buchstabenrätsel, bei dem durch Versetzung, Auslassung oder Hinzufügung einzelner Buchstaben ein neues Wort entsteht.

31 Friedrich Heinrich Jacobi (1743–1819) veröffentlichte 1811 die Schrift *Von den göttlichen Dingen und ihrer Offenbarung*, mit der er den sogenannten Spinoza-Streit, in den auch Herder, Goethe, Hamann und Kant eingriffen, fortsetzte. Jacobi propagierte den Glauben als entscheidendes Mittel der Erkenntnis und vertrat den Standpunkt, daß Spinozas Pantheismus letztlich ein Atheismus gewesen sei, da Gott entweder persönlich sein müsse oder gar nicht existieren könne.

32 Mandarin: Ehrenamtsträger im traditionellen, kaiserlichen China. »Man« steht für Mandschurei, »da« für groß und »ren« für Mensch bzw. Mann, also etwa: »großer Mann aus der Mandschurei«. Der Titel »Mandarin« konnte von allen Männern durch die Teilnahme an Prüfungen erworben werden, allerdings durfte ihre Ehre nicht den kleinsten Makel aufweisen. Von daher die für Europäer kaum nachvollziehbare Fixierung auf Äußerlichkeiten, etwa der Kleidung und des höfischen Zeremoniells, die ihnen nachgesagt wurde. Vgl. Barbey d'Aurevillys Spott in dem Kapitel »Die Wissenschaft«.

33 Von dem italienisch-französischen Humanisten Joseph Justus Scaliger (1540–1609) stammt der Vers, auf den Barbey d'Aurevilly anspielt: »C'est un langage estrange que le Basque / On dit qu'ils s'entendent, je n'en croy rien.« (Eine seltsame Sprache ist Baskisch / Man sagt, sie verstünden einander, ich glaub's nicht.)

34 leukadischer Sprung: Der Legende nach soll sich die antike Dichterin Sappho von einem Felsen auf der ionischen Insel Lefkas ins Meer gestürzt haben, um Heilung von ihrer unerwiderten Liebe zu dem Seemann Phaon zu finden. Ovid läßt sie in seinen *Metamorphosen* sagen, daß sie ihr Schicksal in den Fluten suchen wolle. Einer anderen Überlieferung nach sollen von dem Felsen zum Tode Verurteilte gestürzt worden sein.

35 (frz.) »Und hüte dich zu lachen über diesen ernsten Gegenstand« — Vers aus dem ersten Gesang des heroisch-komischen Epos *Le Lutrin* (Das Chorpult, 1674) von Nicolas Boileau-Despréaux (1636–1711). Boileau-Despréaux versuchte mit diesem parodistischen Text zu beweisen, daß auch ein wenig bedeutender Gegenstand Stoff für ein Epos sein könne. *Le Lutrin* handelt von einem Streit zwischen Kantor und Schatzmeister, wo in der Kirche das Chorpult aufzustellen sei.

36 Tatsächlich heißt es bei Goethe: »Sehen wir nun während unseres Lebensganges dasjenige von andern geleistet, wozu wir selbst früher einen Beruf fühlten, ihn aber, mit manchen andern, aufgeben mußten; dann tritt das schöne Gefühl ein, daß die Menschheit zusammen erst der wahre Mensch ist, und daß der Einzelne nur froh und glücklich sein kann, wenn er den Mut hat, sich im ganzen zu fühlen.« (Goethe, *Dichtung und Wahrheit.* In: Ders., *Werke*, Bd. 9, S. 387)

37 Pangloss ist der Lehrer des Titelhelden in Voltaires philosophischem Roman *Candide* (1759). Durch keine der in aberwitziger Folge hereinbrechenden Katastrophenerfahrungen läßt er sich davon abbringen, philosophisch beweisen zu wollen, daß alles zum Besten stehe in der vermeintlich besten aller Welten.

38 »Qu'il mourût«: In Corneilles Tragödie *Horace* (1640) schwört der Vater des Titelhelden, seinen Sohn eigenhändig zu töten, als er von dessen angeblicher Flucht vor den drei feindlichen Kuratiern erfährt (tatsächlich handelt es sich um eine List). Auf die Frage, was dieser allein im Kampf gegen drei Könige hätte tun sollen, antwortet er: »Sterben!«
»Ventrem feri«: Tacitus berichtet in seinen Annalen, daß Agrippina den von ihrem Sohn Nero gesandten Mörder aufgefordert habe, ihren Bauch zu treffen.
»He has no children«: Dies sind bei Shakespeare die Worte Macduffs, als er erfährt, daß seine Kinder auf Macbeths Befehl ermordet wurden.

39 Ophtalmos, griechisch: Auge. Der Dichter John Milton (1608–1674), auf den Barbey d'Aurevilly im gleichen Satz anspielt, war blind.

40 Lymphatiker: »lymphatisch: zu den Lymphdrüsen gehörig: lymphatische Konstitution: durch schlaffe, blasse Haut mit Neigung zu Drüsen- und Hautentzündungen gekennzeichnete (skrofulöse) Hautbeschaffenheit« (Herders Konversationslexikon, 1905).

41 Vadius ist ein satirisch gezeichneter Gelehrter, der in der dritten Szene des dritten Aktes von Molières Komödie *Les femmes savantes* (Die gelehrten Frauen, 1672) seinen Auftritt hat. Der bloße Umstand, daß er – angeblich – Griechisch kann, läßt die Damen Philaminte, Bélise und Armande vor Bewunderung geradezu ersterben.

42 Laudanum: Opiumtinktur, in Alkohol gelöstes Opium; wurde früher als Schmerz- und Betäubungsmittel angewandt.

43 Lazzaro Spallanzani (1729–1799), italienischer Geistlicher und Biologe, führte an Versuchstieren (Fröschen) Experimente zur Wirkung von Elektrizität auf die Muskelkontraktion durch. Außerdem wies er experimentell die Befruchtung von Eiern durch Spermien nach und führte die erste künstliche Besamung durch (an Hunden).

44 Wildschur: ein als Kleidungsstück, meist in Form eines Überwurfs, getragener Tierpelz.

45 Voltaire wurde – wohl unter polemischer Verwendung seiner materialistischen Auffassung, daß der Mensch eher ein natur- denn ein gottgeschaffenes Wesen sei, und seiner besonderen Physiognomie – des öfteren als »Affe« geschmäht. Der Essayist Joseph Joubert (1754–1824), immerhin ein Anhänger der Aufklärung, sagte von ihm: »Voltaire hat, wie ein Affe, anmutige Bewegungen und abscheuliche Züge. Bei ihm sieht man immer hinter der geschickten Hand ein häßliches Gesicht.« Victor Hugo rechnet in seinem Gedicht *Regard jeté dans une Mansarde* (Blick in eine Mansarde) aus dem Band *Les Rayons et les Ombres* (Strahlen und Schatten, 1840) mit dem säkularen Geist des 18. Jahrhunderts ab. Er läßt Voltaire als eine Art jungfrauenverderbender philosophischer Inkubus auftreten und klagt: »Voltaire alors régnait, ce singe de génie / Chez l'homme en mission par le diable envoyé« (Voltaire regierte damals, dieser Affe von Genie / Als Missionar des Teufels zu den Menschen gesandt). — Die philosophische Aufklärung wird traditionell mit dem Licht vergli-

chen; das von Voltaire entscheidend mitgeprägte Zeitalter der Aufklärung ist in Frankreich als »Siècle des Lumières« (Jahrhundert des Lichts) bekannt.

46 »Schreiben ist ein Mißbrauch der Sprache, stille für sich lesen ein trauriges Surrogat der Seele. Der Mensch wirkt alles, was er vermag, auf den Menschen durch seine Persönlichkeit, die Jugend am stärksten auf die Jugend, und hier entspringen auch die reinsten Wirkungen. Diese sind es, welche die Welt beleben und weder moralisch noch physisch aussterben lassen.« (Goethe, *Dichtung und Wahrheit*, 10. Buch, S. 447)

47 Trissotin ist die Hauptfigur in Molières Komödie *Les femmes savantes* (Die gelehrten Frauen). Durch sein geziert-vornehmes Getue, seine vorgetäuschte Leidenschaft und seine läppisch-galante Dichtung gelingt es ihm, die schöngeistigen Damen Philaminte und Bélise zu becircen — bis er als scheinheiliger Mitgiftjäger auffliegt. Cathos ist eine ähnlich konzipierte Frauenfigur aus Molières Komödie *Les précieuses ridicules* (Die lächerlichen Preziösen, 1659).

48 Gemeint ist Goethes *Campagne in Frankreich.* Anders als von Barbey d'Aurevilly dargestellt, reiste Goethe im Gefolge des Herzogs Carl August von Sachsen-Weimar.

49 Jacques-Henri Bernardin de Saint-Pierre (1737–1814). Durch seinen Freund Jean-Jacques Rousseau beeinflußt, schrieb der weitgereiste Schriftsteller und Ingenieur das dreibändige Werk *Études de la nature* (Betrachtungen über die Natur, 1784), in das später auch seine bekannteste Erzählung *Paul et Virginie* (1788) aufgenommen wurde. Seine Zeitgenossen waren besonders von seinen Schilderungen exotischer Landschaften beeindruckt.

50 Maurice de Guérin (1810–1839). Der mit Barbey d'Aurevilly befreundete, früh an Schwindsucht gestorbene Schriftsteller ist vor allem durch seine Prosagedichte bekanntgeworden. In seiner Dichtung *Le Centaure* (Der Kentaur), von Rainer Maria Rilke kongenial übersetzt, entwirft er atmosphärische Naturbilder eines mythischen Griechenland.

51 Barbey d'Aurevilly vertauscht die Reihenfolge der Sätze und läßt einen Nebensatz ganz fort (vgl. Goethe, *Italienische Reise*, 13. Dezember 1786, Bd. 11, S. 149).

52 Barbey d'Aurevilly zitiert ungenau; vgl. dazu Anmerkung 8.

53 Vincent de Paul (1581–1660), französischer Theologe, Gründer einer Frauenvereinigung zur Betreuung armer Kranker, aus welcher später der nach ihm benannte Orden der Vinzentinerinnen hervorging.

54 Barbey d'Aurevilly ist auch an dieser Stelle ungenau. In der *Italienischen Reise* heißt es am 25. Dezember 1786: »Der Marmor ist ein seltsames Material, deswegen ist Apoll von Belvedere im Urbilde so grenzenlos erfreulich, denn der höchste Hauch des lebendigen, jünglingsfreien, ewig jungen Wesens verschwindet gleich im besten Gipsabguß.« (Goethe, *Italienische Reise*, Bd. 11, S. 151)

55 Anspielung auf Gotthold Ephraim Lessings Schrift *Laokoon* (1766).

56 Barbey d'Aurevilly folgt, ohne dies zu kennzeichnen, nahezu wörtlich Goethes eigener Darstellung, verlegt aber den Ort der geschilderten Handlungen, wohl um den unterstellten Kontrast zwischen Dürer und Goethe zu verstärken, von den Niederlanden nach Italien (vgl. Goethe, *Italienische Reise*, 18. Oktober 1786, Bd. 11, S. 103f.).

57 Bernard Le Bovier de Fontenelle (1657–1757), Schriftsteller und Mitglied der Académie française, verfaßte Dramen, Gedichte und (populär-)philosophische Essays. Seine Verse standen im Ruf, geistvoll, aber trocken und kalt, ohne Spontaneität oder Natürlichkeit zu sein. Er selbst rühmte sich seines Gleichmuts und behauptete, »niemals gelacht oder geweint« zu haben.

58 Der Legende nach soll der Mathematiker und Ingenieur Archimedes bei der Eroberung von Syrakus durch die Römer 212 v. Chr. in geometrische Zeichnungen vor seinem Haus vertieft gewesen sein. Als er einen Soldaten anherrschte, er solle seine Kreise nicht stören, erschlug ihn dieser.

59 Franz Joseph Gall (1758–1828), deutscher Arzt und Begründer der nach ihm benannten Schädellehre. Nach einer – obrigkeitlich unterbundenen – Lehrtätigkeit in Wien und Aufenthalten in Nord-

deutschland übersiedelte er 1807 nach Paris und wurde Franzose. Gall schloß von der Form des Schädels auf die des Gehirns und glaubte auf diese Weise nicht weniger als 27 menschliche Eigenschaften lokalisieren zu können. Seinem Wunsch gemäß wurde sein eigener Schädel nach seinem Tod der etwa 400 Exemplare umfassenden Sammlung einverleibt, die er aufgebaut hatte, und mit dieser dem Museum für Naturgeschichte in Paris vermacht. Goethe ließ sich 1805 in Halle von Gall in seine Lehre einführen und diskutierte sie 1807 in Weimar erneut mit ihm. Bei einem Aufenthalt in Frankfurt betastete Gall auch den Schädel von Goethes Mutter, um Anhaltspunkte für die Begabung ihres Sohns zu finden.

60 Der englische Schriftsteller und Journalist George Henry Lewes (1817–1878) veröffentlichte seine zweibandige Biographie *The Life and Works of Goethe* 1855 in London. Sie wurde zwei Jahre später ins Deutsche übersetzt. Lewes' Lebensgefährtin Marian Evans wurde unter dem Pseudonym George Eliot als Schriftstellerin berühmt.

61 Ernest Faivre (1827–1879), Naturforscher. Barbey d'Aurevilly bezieht sich auf die Studie: *Œuvres scientifiques de Goethe*, appréciées et analysées par Ernest Faivre, Paris: Hachette, 1862.

62 Im 16. Buch von *Dichtung und Wahrheit* berichtet Goethe die folgende Episode: »Ein sehr harter Winter hatte den Main völlig mit Eis bedeckt und in einen festen Boden verwandelt. Der lebhafteste, notwendige und lustig gesellige Verkehr regte sich auf dem Eise. Grenzenlose Schlittschuhbahnen, glattgefrorne weite Stellen wimmelten von bewegter Versammlung. Ich fehlte nicht vom frühen Morgen an und war also, wie späterhin meine Mutter, dem Schauspiel zuzusehen, angefahren kam, als leichtgekleidet wirklich durchgefroren. Sie saß im Wagen in ihrem roten Sammetpelze, der, auf der Brust mit starken goldnen Schnüren und Quasten zusammengehalten, ganz stattlich aussah. ›Geben Sie mir, liebe Mutter, Ihren Pelz!‹ rief ich aus dem Stegreife, ohne mich weiter besonnen zu haben, ›mich friert grimmig.‹ Auch sie bedachte nichts weiter; im Augenblick hatte ich den Pelz an, der, purpurfarb bis an die Waden reichend, mit Zobel verbrämt und mit Gold geschmückt, zu der braunen Pelzmütze, die

ich trug, gar nicht übel kleidete. So fuhr ich sorglos auf und ab, auch war das Gedränge so groß, daß man die seltene Erscheinung nicht einmal sonderlich bemerkte, obschon einigermaßen: denn man rechnete sie mir später unter meinen Anomalien im Ernst und Scherze wohl einmal wieder vor.« (Goethe, *Dichtung und Wahrheit*, Bd. 10, S. 84f.)

63 Etienne Geoffroy Saint-Hilaire (1772–1844), Zoologe, arbeitete am Pariser Nationalmuseum für Naturgeschichte und wurde mit 21 Jahren zum Professor ernannt. Sein Spezialgebiet war die vergleichende Anatomie. In seinen Hauptwerken *Philosophie anatomique* (Anatomische Philosophie, 1818) und *Histoire naturelle des mammifères* (Naturgeschichte der Säugetiere, 7 Bde., 1820–42) vertrat er, ähnlich wie Lamarck, die These, daß gleichbleibende Grundausstattungen im Gliederbau zoologischer Ordnungen sich im Laufe der Evolution nach bestimmten Gesetzmäßigkeiten ändern, namentlich denen der Verknüpfung (die Organe stehen in einem Verhältnis zueinander), der Permanenz (es werden keine neuen Organe geschaffen) und des Gleichgewichts (die Entwicklung eines Organs geschieht immer auf Kosten eines anderen). Es kam zu einem kurzen, von gegenseitiger Wertschätzung geprägten Briefwechsel zwischen Goethe und Geoffroy Saint-Hilaire.

64 Im Alten Testament deutet Daniel dem babylonischen König Nebukadnezar II. einen Traum: »Dies ist die Deutung, o König, und dies der Beschluß des Höchsten, der über meinen Herrn, den König, kommen wird. Man wird dich von den Menschen ausstoßen, und bei den Tieren des Feldes wird deine Wohnung sein; und man wird dir Kraut zu essen geben, wie den Rindern, und dich vom Tau des Himmels benetzt werden lassen; und es werden sieben Zeiten über dir vergehen, bis du erkennst, daß der Höchste über das Königtum der Menschen herrscht und es verleiht, wem er will.« (Daniel, 4,21–22)

65 Turcaret ist die Titelfigur einer 1709 uraufgeführten satirischen Komödie von Alain-René Lesage (1668–1747). Der Steuerpächter, Hochstapler und Finanzjongleur Turcaret fällt am Ende seiner eigenen Raffgier zum Opfer.

66 In Eckermanns Gesprächen mit Goethe ist unter dem 2. Mai 1824 der folgende, von Barbey d'Aurevilly abweichende Originalwortlaut zu lesen: »Um Epoche in der Welt zu machen, sagte er bei dieser Gelegenheit, dazu gehören bekanntlich zwei Dinge; erstens daß man ein guter Kopf sei, und zweitens daß man eine große Erbschaft tue. Napoleon erbte die französische Revolution, Friedrich der Große den schlesischen Krieg, Luther die Finsternis der Pfaffen, und mir ist der Irrtum der Newtonischen Lehre zu Teil geworden.«

67 Im altpersischen Reich war Satrap der Titel des Statthalters einer größeren Provinz. Neben militärischen und administrativen Aufgaben oblag den Satrapen die Steuereintreibung.

68 Artaban ist einer der Helden des zwölfbändigen, mehr als 4000 Seiten umfassenden Barockromans *Cléopâtre* (1647–58) von Gautier de Costes de La Calprenède (1610–1663). Die ungezügelte Arroganz dieser Figur ist in Frankreich sprichwörtlich geworden: »stolz wie Artaban«.

69 Kardinal Ludovico Micara (1775–1847). Während des Konklave 1846 versuchte Kaiser Ferdinand von Österreich von seinem Vetorecht Gebrauch zu machen und die Wahl Kardinal Ferrettis zum neuen Papst zu verhindern. Sein Abgesandter, Karl Kajetan Kardinal Gaisruck, Erzbischof von Mailand (das damals zu Österreich gehörte), traf jedoch zu spät ein: Ferretti war kurz zuvor gewählt und unter dem Namen Pius IX. in sein Amt eingeführt worden.

Nachwort
von Lionel Richard

Eine lange Geschichte, und nicht gerade eine der einfachsten, die Beziehung zwischen Barbey d'Aurevilly und Goethe! Von Anfang an ist das Verhältnis nicht auf diese beiden selbst beschränkt. Es ist ein Dreiecksverhältnis. Der dritte, ohne den man das Ganze nicht verstehen kann, ist Charles-Augustin de Sainte-Beuve. Jener Sainte-Beuve, der als Meister der Literaturkritik auf dem Thron sitzt, als Barbey d'Aurevilly um 1840 herum seine Laufbahn beginnt, und den er vergeblich mit den niedrigsten Schmeicheleien umwirbt, bis er ihn zu guter Letzt mit wildem Haß verfolgt. Im Lauf von fünfzehn Jahren macht er aus dem Mann, dessen Freundschaft er einst suchte, einen erbitterten Rivalen.

Ohne selbst Deutsch zu können, ist Sainte-Beuve seit langem ein Deutschland-Enthusiast. 1830 hatte er sogar vor, für einige Jahre in Berlin oder München zu lehren, falls sich dazu Gelegenheit böte. Von allen deutschen Autoren, die er in Übersetzungen gelesen hat, ist Goethe derjenige, den er bevorzugt. Im Juni 1855 veröffentlicht er einen Lobgesang auf die *Leiden des jungen Werther* in der Revue contemporaine. Seiner Ansicht nach bestätigen die authentischen Quellen des Romans, die bis dahin unveröffentlicht geblieben waren, das Genie Goethes.

Im gleichen Jahr 1855, am 29. Juli, vertritt Barbey d'Aurevilly, der einige Jahre zuvor Goethes Roman entdeckt und sehr geschätzt hat, seine eigene Meinung in Le Pays. Keinerlei Spitzen gegen Saint-Beuve. Er begnügt sich damit, zum entgegengesetzten Schluß zu kommen. In Goethe erkennt er einen Mystifikator, einen Schwindler, einen Lügner, einen Spieler, eine »vulgäre Seele«. In seinen Augen mißbraucht Goethe die Erfahrungen des menschlichen Lebens, um sie in Kunst zu verwandeln, und es erscheint ihm zweifelhaft, ob er jemals aufrichtig gefühlt hat, wenn er imstande war, die ihm zugefügte Wunde so schnell verheilen zu lassen.

Die Meinungsverschiedenheit zwischen Barbey d'Aurevilly und Sainte-Beuve, der unablässig Goethe in den Himmel hebt, bleibt noch einige Zeit unterschwellig, aber ihre Dynamik hin zu einer Abrechnung ist unabwendbar. Für Barbey d'Aurevilly ist Goethes Ruhm unverdient. Er glaubt deshalb, daß Sainte-Beuve nicht richtig urteilt und daß sein exzessives Lob der *Leiden des jungen Werther* nur beweist, was für ein schlechter Kritiker er ist. In der Ausgabe des Réveil vom 2. Januar 1858 nimmt er kein Blatt vor den Mund: Er wirft ihm besonders vor, keine »Doktrin« zu haben und sich auf »Anekdoten und Einzelheiten« zu beschränken.

Trotz der konventionellen Höflichkeiten, die sie noch drei Jahre lang austauschen, ist der Streit nun offen ausgebrochen. Barbey d'Aurevilly versteckt nicht mehr seine Ablehnung der Methode Sainte-Beuves, die darin besteht, die biographischen Hintergründe eines Autors zu durchwühlen, um sein Werk zu erhellen. Am 29. März 1859 schreibt er anläßlich des *Byron* von Désiré Nisard trokken: »Die literarische Kritik trägt mehr zur Kenntnis eines Autors bei, wenn sie sich seinen Werken widmet statt all den Anekdoten seiner Biographie.« Am 9. November 1860 wiederholt er seinen Standpunkt in einem Artikel über Chateaubriand in LE PAYS: Das Geheimnis des Genies eines Schriftstellers sei in seinem Werk zu finden und nicht in seiner Biographie.

Die Ausgabe der von dem Dichter Maurice de Guérin hinterlassenen unveröffentlichten Werke[1], die Guillaume-Stanislas Trebutien Ende 1860 ediert, bringt das Faß zum Überlaufen. In seinem Vorwort hat es Sainte-Beuve darauf angelegt, Barbey d'Aurevilly nicht zu erwähnen, obwohl dieser mit Guérin eng befreundet war und sogar zu seinen wenigen Vertrauten zählte. Von diesem Augenblick an verzichtet Barbey d'Aurevilly gegenüber Sainte-Beuve auf jede Mäßigung. Er zögert nicht mehr, ihn zurechtzuweisen und in seinen Artikeln gegen seine Urteile zu wettern.

Zurück zu Goethe. 1862 erscheinen in Paris und auf französisch seine Gespräche mit dem Vertrauten der zehn letzten Lebensjahre, Johann Peter Eckermann.[2] Im CONSTITUTIONNEL widmet ihnen Sainte-Beuve drei hymnische Essays. Er beschwört Goethes Verpflichtung gegenüber Buffon, Voltaire, Diderot. Im Grunde identifiziert er sich mit ihm in seinen Sympathien und Abneigungen. Goethe schätzte Le Globe, an dem er selber mitarbeitete. Er urteilte freundlich über seine eigenen Lieblingsautoren: Mérimée, Nerval. Er mißbilligte, wie er selbst, Chateaubriand, Hugo und den romantischen Überschwang. Sainte-Beuve weiß ihm Dank dafür, den Weg der Weisheit beschritten zu haben. Er sieht ihn vor allem als Künstler, als Olympier.

Am 21. Oktober 1862 veröffentlicht auch Barbey d'Aurevilly in Le Pays eine Rezension der *Gespräche Goethes mit Eckermann*. Er nimmt sich den »Gott Goethe« zur Brust und Eckermann, seinen »Papagei« und »Ministranten«. Er stürzt die Statue vom Sockel: Goethe ist ohne Genie, ein »Blender«, ein Poseur, der sich ununterbrochen selber vorführt, ein Kritiker, der »unsägliche Platitüden« äußert. Augenscheinlich kann es sich nur um eine Antwort an Sainte-Beuve handeln, den er nun offen als seinen Gegner ansieht. Im wahrsten Sinn des Wortes straft er Sainte-Beuve ab.

Barbey d'Aurevilly hatte seit Juni 1860 ernste Schwierigkeiten mit der Redaktion von Le Pays. Über seine Artikel gab es Streit, manchmal wurden sie zensiert. Am 1. Februar 1861 hatte er die *Poésies,* die Dichtungen Sainte-Beuves, vorgestellt und sich anheischig gemacht, in der nächsten Ausgabe den Niedergang des Talents dieses unübertrefflichen Meisters der Kritik zu zeigen: Der angekündigte Artikel wurde abgelehnt. Im Februar 1861 wechselte die Direktion, und Barbey d'Aurevilly wurde ein paar

Monate darauf entlassen, später zurückgeholt. Ende Oktober 1862 gab man ihm endgültig den Laufpaß. Vorgeschobene Begründung: seine beleidigenden Äußerungen über Sainte-Beuve in dem Artikel über Goethe.

Hat Sainte-Beuve bei dieser Entlassung seine Hand im Spiel gehabt? Das Gerücht macht in ganz Paris die Runde. Gewiß, nichts deutet darauf hin, daß er persönlich interveniert hat. Die offizielle Verantwortung für den auf die Leitung von LE PAYS ausgeübten Druck übernahm der damalige Innenminister, der Comte de Persigny. Aber es war allgemein bekannt, daß Sainte-Beuve zu seinen persönlichen Freunden zählte. Und der Vorwand für die Entlassung waren immerhin Barbey d'Aurevillys Angriffe gegen ihn.[3]

Auf jeden Fall ist Goethe für Barbey d'Aurevilly nicht irgendein Schriftsteller: Er ist ein Stachel in seinem Fleisch. Glücklicherweise läßt die Gelegenheit zur Rache nicht lange auf sich warten. Am 9. August 1869 beginnt er für jene konservative Zeitung zu schreiben, deren Stammautor bis zu seinem Ausscheiden Sainte-Beuve gewesen war: den CONSTITUTIONNEL. Kurze Zeit später werden ihm die berühmten Montagsartikel zugesprochen, die vorher seinem Rivalen oblagen. Als Sainte-Beuve am 16. Oktober stirbt, kann sich Barbey d'Aurevilly rühmen, ihn besiegt zu haben, da er sein Nachfolger geworden ist. Eine so offenkundige Überlegenheit, daß er sie in der Folgezeit mehrfach ausnutzt, um ihn mit Hohn zu überschütten.

Aber die politische und literarische Aktualität führt ihn zu Goethe zurück. Am 19. Juli 1870 erklären Napoleon III. und seine Regierung Preußen den Krieg. Als Patriot, dessen Ehre auf dem Spiel steht, tritt Barbey d'Aurevilly in die Nationalgarde ein. Gleichzeitig werden Goethes *Sämtliche Werke* in der Übersetzung von Jacques Porchat bei Hachette neu aufgelegt. Unter den gegebenen Umständen bietet sich die Lektüre an. Zwischen den Diensten vertieft er sich in sie und macht Notizen.

Für Barbey d'Aurevilly ist Goethe der Inbegriff des Deutschen, das Frankreich aufs Glatteis geführt hat. Sein Land hat sich in ihn und in Deutschland insgesamt vernarrt. Man muß also handgreiflich werden gegen das, was er repräsentiert mit seinem Ruhm. Barbey d'Aurevilly fühlt sich zu einer Mission berufen: einen Schriftsteller am Kragen zu fassen, den er sich nicht nur bisher vom Leib gehalten hat, sondern zu dessen Verehrung Sainte-Beuve ständig aufgerufen hatte, womit er einen antinationalen Akt beging.

Am 2. September 1870 kapitulieren die Truppen Napoleons III. bei Sedan. Zwei Tage später wird in Frankreich die Republik ausgerufen. Es folgen die Belagerung von Paris und die Commune. Es ist eine Periode, die den Monarchisten Barbey d'Aurevilly immer mehr verbittert: Der Sturz des Kaiserreichs bekümmert ihn nur wenig, aber die Neuorientierung Frankreichs in Richtung Demokratie läßt seine Wut nicht mehr erkalten. Er verläßt Paris und kehrt in die heimatliche Normandie zurück, wo er seine *Les Diaboliques* (Die Teuflischen) fertigstellt. Gleichzeitig nimmt er sich die Streitsache Goethe noch einmal vor. Er verfaßt mehrere Artikel, die im Februar und März 1873, einige Monate nach seiner Rückkehr nach Paris, im CONSTITUTIONNEL veröffentlicht werden.

Wie steht es damals um Goethe in Frankreich? Das Aufsehen, das seine *Leiden des jungen Werther* erregt hatten, war beträchtlich, und er war vor allem der Autor dieses Buchs geblieben. Die Ähnlichkeit des Helden mit dem Saint-Preux in Jean-Jacques Rousseaus *La nouvelle Héloïse* (Die neue Héloïse), dem ersten überragend erfolgreichen Roman des 18. Jahrhunderts, hat dabei zweifellos eine Rolle gespielt. *René* von Chateaubriand, *Volupté* (Wollust) von Sainte-Beuve und *La confession d'un enfant du siècle* (Bekenntnisse eines Kindes seiner Zeit) von Alfred de Musset tragen die Spuren dieser Lektüre.

Der *Wilhelm Meister* dagegen, 1829 von Théodore Toussenel in vier Bänden vollständig übersetzt,[4] interessierte beinahe niemanden. Marie-Joseph Chénier, der berühmte Textdichter des *Chant du Départ*, der französischen Nationalhymne, bezeichnet ihn in dem Vermächtnis, das er bei seinem Tod 1811 hinterließ, dem *Tableau historique de l'état et du progrès de la littérature française*, als zusammenhangloses Werk, »in dem das Talent, das ihn zu Werther inspirierte, sich nicht einmal ansatzweise sehen läßt«. Nuanciertere, aber fast identische Vorbehalte bei Madame de Staël und Benjamin Constant. Alfred de Musset tut ihn im Vorwort zu seinen *Comédies et Proverbes* mit ein paar spöttischen Bemerkungen ab. Ganz allgemein also hält man diesen Roman für unüberwindlich langweilig.

Auch die 1810 übersetzten *Wahlverwandtschaften* sind weit davon entfernt, für ein Meisterwerk gehalten zu werden. Im selben Jahr urteilt Madame de Staël in ihrem Buch *De l'Allemagne* (Über Deutschland), daß sich »die

Spannung oft verflüchtigt« und daß »der Autor sich im Fortgang des Werks zu unsicher« zeige. Allmählich hat sich eine Meinung durchgesetzt: Dieser Roman ist für das französische Publikum schwer zu lesen, einfach weil seine Komposition und die Schilderung der Charaktere nichts Französisches an sich haben.

Durch *Faust*, von Albert Stapfer 1818 übersetzt und mit Illustrationen von Eugène Delacroix versehen, zehn Jahre später von Gérard de Nerval erneut übersetzt, erscheint Goethe in einer gleichzeitig phantastischeren und philosophischeren Dimension. Eine der Bearbeitungen für Pariser Bühnen trug bezeichnenderweise den Untertitel *Les Premières Amours d'un métaphysicien romantique* (Die ersten Liebschaften eines romantischen Metaphysikers)[5]. Aber was in erster Linie dazu beiträgt, Goethe mit der Aureole des Genies zu schmücken, sind die Reisen nach Weimar, um den Patriarchen zu besuchen. Victor Cousin, Jean-Jacques Ampère, Saint-Marc Girardin, David d'Angers rühmen enthusiastisch die Verdienste dessen, der sie dort empfing. »Der große Goethe« wird zu einer gebräuchlichen Wendung.

Fast die gesamte antiromantische Generation in Frankreich ab 1850 ist diesem »großen Goethe« verpflichtet: klug, nüchtern, klassisch, unbewegt, olympisch, universell. Es ist in gewisser Weise auch ein realistischer und parnassischer Goethe. Wenig wird der junge Goethe des *Werther* und des *Götz von Berlichingen* in Betracht gezogen, der Anhänger des Sturm und Drang. Es ist der Goethe der friedlichen Rückwendung zum Kult der Schönheit, der Gespräche mit Eckermann, der hier gewürdigt wird. Théophile Gautier, Flaubert, Leconte de Lisle bewundern ihn. Der immer noch romantische Victor Hugo hingegen verdammt ihn 1864 in seinem *William Shakespeare* wegen seiner »Gleichgültigkeit« und zieht ihm Beethoven als »erhabensten« Vertreter der »deutschen Seele« vor.

Die Ansichten ändern sich mit dem Krieg von 1870. Vereinfacht gesagt, stehen sich zwei Positionen gegenüber. Für diejenigen, die sich als Patrioten bezeichnen, handelt es sich darum, der germanischen Gefahr bis in die Bereiche der Wissenschaft und des Denkens zu widerstehen. Für die anderen muß man zwischen zwei Deutschlands unterscheiden: dem der Kanonen und dem des Denkens. Auf der einen Seite wird Goethe als gewöhnlicher Vertreter des Preußentums abgelehnt. Auf der anderen Seite schwebt ein davon unberührter Goethe über den Nationen.

Kurioserweise wird gerade 1872, als Barbey d'Aurevilly seine Artikel im CONSTITUTIONNEL veröffentlicht, die nüchterne »Weisheit« Goethes erstmals als eine konventionelle Vorstellung entlarvt. Alfred Mézières beschreibt Goethe in einem biographischen Essay[6] als »sensibles Wesen«, das stets ein »heißes Herz« gehabt habe. Die Vorstellung von einem unbewegten, kontemplativen Wesen hatte sich Frankreich aufgedrängt, und nun erschien ein anderer unter Goethes Zügen: ein Mann von glühender Sensibilität, aber gemäßigt durch Ordnung und Verstand. Goethe zu verehren, erläutert Mézières, sei nicht gleichbedeutend damit, Deutschland zu bewundern, und noch weniger Preußen. Es bedeute, einem universellen Genie Tribut zu zollen.

Barbey d'Aurevillys Artikel sind geradezu durchtränkt von situationsbezogenem Antigermanismus und grober, lärmender Einfalt. Gewiß, zuerst nimmt er sich die Franzosen vor: Sie seien dumm genug gewesen, Goethes Ruhm zu wirken. Durch ihre intellektuelle Bewunderung für Deutschland und seine Schriftsteller seien sie die Urheber der französischen Niederlage gegen Preußen geworden. Aber worin besteht letzten Endes ihr Fehler? Sie hätten geglaubt und selber glauben gemacht, daß die Deutschen vertrauenswürdig seien. Aber die Deutschen seien »Patapoufs«. Verworrene, nebelhafte Geister. Heuchler. Zahllose natürliche Defekte, die sich unvermeidlich bei Goethe wiederfinden.

Barbey d'Aurevilly beschreibt ihn als einen »Neugierigen, der alles ausprobiert hat«, der »alle Sparten des menschlichen Geistes durchmessen hat«. Aber er bringt ihn sogleich in Mißkredit. Goethe sei nie etwas anderes gewesen als ein Übersetzer, ein Bearbeiter, ein Kompilator. Keinerlei Imagination bei ihm, keinerlei Erfindung. Der König der Scharlatane. Er sei unfähig gewesen, die französische Literatur zu verstehen. Als »verstopfter Geist« habe er trotz der Zeit, über die er in Weimar verfügte, nur an die zehn Bücher hervorgebracht.[7] Er sei eine »antiquarische Natur«. Alles in allem ein »gewaltig überschätzter« Schriftsteller.

Es ist schwierig, so viele Irrtümer und Vorurteile anzuhäufen! Dennoch geht Barbey d'Aurevilly das Risiko ein, seine Ansichten durch eine Analyse der Werke zu belegen. Er untersucht zunächst das Theater, da Goethe seiner Einschätzung nach durch seine Stücke, besonders durch *Faust*, zu europäischem Ruhm gelangt ist. Jegliche Chronologie mißachtend, beginnt er deshalb mit den Dramen. Er sieht in ihnen Szenen, die sich unverbunden aneinanderreihen, eine Oper eher als ein Schauspiel, ein Spektakel. *Faust* reduziert sich für ihn auf eine bloße Bilderfolge. Keinerlei Komposition.

Das ist zweifellos der Grund, warum seine Zusammenfassung der Handlung des *Faust* so grillenhaft ist. Er verweilt nur bei Details: Hier erkennt er Dante wieder, dort Shakespeare. Niemals wird ihm die Gesamtheit des Stükkes offenbar. Wozu auch, wenn schon Mephistopheles, der Teufel, nur ein netter »deutscher Teufel« und nicht ein wahrer Dämon ist…? Margarete ist die einzige Figur, die er verschont, wegen ihrer naiven Gläubigkeit und Inbrunst. Eine »Meßbuchfigur«, die leider nicht als Heilige endet.

Auch in seinem Jugendwerk *Götz von Berlichingen* ist Goethe, Barbey d'Aurevillys Urteil zufolge, ein Opernmacher. Shakespeare mangele es an Zusammenhalt, aber wenigstens gebe es Leidenschaft bei ihm. Goethe dagegen sei ein Kritikaster. In Wahrheit verrät Barbey d'Aurevilly seine eigene Vorstellung vom Theater: Er ist dem klassischen Aufbau verpflichtet, der psychologischen Figurendarstellung. Was es mit der Geschichte Götzens auf sich hat und was Goethe daran zeigen will, läßt er vollkommen beiseite. Das Stück ist für ihn fast ausschließlich eine Gelegenheit zur Verteidigung der Klassik. In seiner Nostalgie für die Regeln des klassischen französischen Theaters möchte er diese offenkundig gleich auf Goethes gesamte dramatische Produktion anwenden: Folglich erscheint er ihm, von *Clavigo* über *Egmont* bis zu *Iphigenie auf Tauris*, nur als Autor pueriler oder abwegiger Kompilationen.

Wie steht es um Goethe als Romancier? Den *Leiden des jungen Werther* hat Barbey d'Aurevilly einen Rest von Sympathie bewahrt. Seiner Ansicht nach ist es »noch der beste von Goethes drei Romanen«, »ein Buch, das man noch mit einer gewissen geistigen Neugier und vielleicht gefühlvoller Empfindung öffnen kann«. Aber *Wilhelm Meister* und *Die Wahlverwandtschaften*, von denen die letzteren seiner Ansicht nach nur die Geschichte eines sentimentalen Konkubinats erzählen, sind »unlesbar«, »nicht mit Namen zu bezeichnen«. Es sind »Phänomene der Dummheit«, die faßweise Langeweile absondern.

Ist Goethe etwa als Chronist besser? Nein, weil er ein mittelmäßiger Reisender ist. Barbey d'Aurevilly nimmt die *Reise nach Rom* aus, obwohl ihr Autor von den »römischen Poesien des Katholizismus« nichts verstanden habe. Besonders die Kommentare zur Kunst enthielten ein paar »Einsichten«, etwa zum Apoll von Belvedere oder zur Laokoon-Gruppe. Ansonsten sei Goethe ein armseliger Prosaschreiber. Keinerlei Sinn für das Leben, für das Malerische. Die sechshundert Seiten seiner Erinnerungen, *Dichtung und Wahrheit*, seien »tödlich«.

Er sei auch kein Dichter, denn die Anspielungen des »Gelehrten« überschwemmten alles, bis zum kleinsten Vers. Außerdem strotzten seine Gedichte von Albernheiten. Aber das Schlimmste stellten erst seine wissenschaftlichen Arbeiten dar. Goethe ist bei seinen Forschungen zu beachtlichen Resultaten gelangt. In der Botanik hinsichtlich der Metamorphose der Pflanzen. In der Anatomie durch seine Entdeckung des Zwischenkieferknochens. In der Naturgeschichte schließlich durch das Prinzip, einen Organismus in seiner Einheit, als ein Ganzes, zu betrachten. Unglücklicherweise, sagt nun Barbey d'Aurevilly, sei seine Gelehrsamkeit reiner Plunder. Sie befinde sich mit dem literarischen Werk auf einer Stufe. Er erreiche darin den Gipfel der Überheblichkeit, der Eitelkeit, der Einbildung, des »tollen Geschwätzes«, da er so weit gegangen sei, anerkannten Wissenschaftlern wie Newton nachdrücklich zu widersprechen.

Für Barbey d'Aurevilly ist ausschlaggebend, daß der ganze Goethe von Langeweile durchtränkt sei. Diese Langeweile sei der rote Faden des Gesamtwerks. Aber wie sollte man nicht langweilig sein, wenn man es ablehnt, natürlich zu sein, seinen Launen, seinen Aufwallungen nachzugeben…? Barbey d'Aurevilly hat natürlich nur den alten Goethe im Auge. Buchstäblich keine Jugend bei Goethe, stellt er kategorisch fest. Mit einer Handbewegung wischt er den hitzigen jungen Goethe fort, der die Freiheit, die Suche nach dem individuellen Glück, die Spontaneität des Genies besungen hatte. Dieser Goethe bleibt völlig ausgespart. Auch jener der späten Liebschaften, der Marienbader Elegie, der noch mit achtzig Jahren im Herzen jung war.

Barbey d'Aurevilly mag noch so sehr vorgeben, »gerecht« sein zu wollen, seine Artikel sind der Gipfel der Ungerechtigkeit. Er gibt vor, den Menschen aus dem Werk herauszulesen. Aber seine Lektüre ist parteiisch und partiell. Denn er hat sich ein Ziel gesetzt: Er möchte zeigen, daß Goethe von »falschen Meriten« profitiert, daß sein Ruhm unberechtigt und aus Pappmaché ist. »Man liest ihn kaum noch; bald wird man ihn gar nicht mehr lesen«, behauptet er. Und warum? Weil keinerlei Sensibilität, keinerlei authentisches Gefühl bei ihm zutage trete. Immerzu kontrolliere er sich. Das Ergebnis: »ein allzusehr gemeißelter Mantel« und nichts darunter. Goethe sei weder ein Dramatiker noch ein Romancier noch ein Dichter.

Das Porträt ist fast ganz in Schwarz gehalten. Daß Barbey d'Aurevilly den Erzähler, den Novellisten vergißt, ist von untergeordneter Bedeutung. Vor allem weiß er kaum zu schätzen, daß Goethe es verstand, seine dünnhäutige Empfindsamkeit, seine morbide Unbeständigkeit, die innere Unordnung zu meistern. Seine Entwicklung, seine fortschreitende Einsicht werden zugunsten eines einzigen Bildes ausradiert: einer Persönlichkeit ohne Phantasie, die sich in jeder Lebenslage gleich bleibt. Barbey d'Aurevilly verfehlt, was bei Goethe dominiert, weil er in seiner Schwarzseherei befangen ist. Zudem verwirft er, wovon Goethe schwärmt: die fruchtbare Tätigkeit, die Nützlichkeit des Lebens, die Ablehnung des Leidens als negatives Element in der Natur.

Hinsichtlich der Argumente mangelt es Barbey d'Aurevillys Vorwürfen an Originalität. Er reiht sich in die Tradition einer katholischen Kritik ein, die aus parteilichen theologischen Gründen in Goethe stets einen gefährlichen Feind gesehen hat: Weder der getaufte Protestant findet Gnade noch der Dilettant, der sich auf der Suche nach einem Synkretismus von allen Religionen und Glaubensrichtungen nährt, bis er im Evolutionismus, dem Freimaurertum und dem Atheismus Halt findet. Barbey d'Aurevilly erweist sich außerdem als Verfechter einer romantischen Kritik, die ihre Aufmerksamkeit auf den räsonierenden und räsonablen Greis der *Gespräche mit Eckermann* konzentriert und in Goethe jemanden verdammt, den sie für kalt, unbewegt, über allem stehend hält.

Schwerer wiegt, daß Barbey d'Aurevilly nicht zögert, Goethe zu verfälschen, um seine Darlegung zu bekräftigen. So bemächtigt er sich eines Satzes aus *Dichtung und Wahrheit*, um durch Verstümmelung seinen Sinn zu verdrehen. Jeder, selbst die stärkste Persönlichkeit, schreibt Goethe, müsse es hinnehmen, daß andere Individuen Dinge verwirklichten, die man selbst vergeblich zu erreichen gesucht habe, und sich durch ihren Erfolg befriedigt zeigen, wenn er der Menschheit diene, in dem Maße, wie man selbst nur Element in der unermeßlichen Gesamtheit dieser Menschheit sei. Was behält Barbey d'Aurevilly von dieser recht noblen Philosophie? Daß das Individuum, um glücklich zu werden, in der Gruppe aufgehen müsse wie ein Schaf in seiner Herde.

Damit will der Oberlehrer sagen: Goethe rühme, auf gut deutsch, den Schafsgeist. Während er im Gegenteil, und viele haben es ihm nachgetragen, bei den Bewegungen seiner Landsleute meist außerhalb der Truppe geblieben ist…!

Barbey d'Aurevillys Kommentare über die Sympathie, die Goethe dem Hinduismus entgegengebracht haben soll, sind nicht weniger typisch für seine absichtlichen Verdrehungen. Goethe als Anhänger der »Philosophie der Fakire«, eines »durch Sauerkraut gemäßigten« Hinduismus, als »Hindu-Trottel«, der den »germanischen Trottel« ergänzt: die Formulierungen klingen amüsant. Leider gibt sich Barbey d'Aurevilly keine Mühe zu begreifen. Um besser lächerlich zu machen, wirft er alles durcheinander. Wenn Goethe auch mit Interesse die Meisterwerke der Sanskrit-Literatur in deutschen Übersetzungen gelesen hat, so ist doch gerade der Hinduismus eine Religion, die er zu den unerträglichsten gezählt hat.

Alles in allem würde es von einer erstaunlich unbedarften Lektüre zeugen, wollte man Barbey d'Aurevillys Worten Glauben schenken. Was ist ihr Prinzip? Spektakel, Ungestüm, Gewalt. Barbey d'Aurevilly reißt uns in die Bewegung seines Schreibens hinein. Wenn er gegen etwas ist, wie meistens, ist er es zutiefst und radikal. Es handelt sich um Aggression, Beleidigung. Man muß Barbey d'Aurevilly um seiner selbst willen lesen, nicht um denjenigen zu entdecken, den er kritisiert.

Im vorliegenden Fall zeichnet er von Goethe eine Karikatur. Da er nur schaden will, versucht er kaum, ihn zu verstehen. Aber die Polemik ist sein Recht. Lassen wir seinen Anspruch, der lächerlich wird, einfach beiseite. Übergehen wir die Blindheit, der er verfällt. Über Goethes Werk sagt er glücklicherweise fast nichts. Außer daß es im wesentlichen aus Abklatsch und Kunstgriffen bestehe. Goethe sei berechnend, ein kaltes Ungeheuer, passend zu einem auf ewig ungeschliffenen Deutschland.

»In jeder Kritik, die diesen Namen verdient«, schrieb Barbey d'Aurevilly in einem Artikel vom 7. Dezember 1854, der 1906 in dem posthum erschienenen Sammelband *Poésie et poètes* (Dichtung und Dichter) aufgenommen wurde, sollten zwei Fähigkeiten gegenwärtig sein, »die Beobachtung, die sucht, und die Intuition, die errät«. Das Mindeste, was man sagen kann, ist, daß er bei Goethe weder aus dem einen noch dem anderen Gewinn gezogen hat. Es ist aber tröstlich zu wissen, daß Goethe bei weitem nicht der einzige ist, der von ihm auf diese Weise abgeschossen wurde: Flaubert, Mallarmé, Zola hat das gleiche Schicksal ereilt.

Die gelehrte Kritik verwirft er, weil er sie für ermüdend und nicht zum Lesen einladend hält. Er selbst ist gewillt, sich »auf die Festigkeit des Urteils und die Tiefe des Gesamteindrucks« zu stützen. Eine Haltung, die zu einer autoritären Kritik führen muß. Einer Kritik, die offensichtlich nichts mehr zu tun hat mit dem Bestreben, objektiv und gerecht zu sein. Wenn er behauptet, gerecht zu sein, will er damit sagen, daß er aufrichtig sei, daß er nur seinen eigenen Impulsen folge.

Was greift er bei Goethe an? Den Mangel an Leidenschaft, die Unbewegtheit. Das aber sind Forderungen der Parnassiens. Also können die Parnassiens nur Kinder Goethes sein. Er hatte sich die Dichtung Théodore de Banvilles zur Brust genommen, aber Théophile Gautier ausgespart. Als dieser tot ist, enthält er sich nicht eines düsteren Urteils: »Alle Kaulquappen der modernen Poesie wimmeln im Laich von Goethes Theorien, und Gautier, der ihn bei uns nachzumachen suchte, ist aus seinem Eiweißstoff gemacht.«

Durch sein Werk und folglich auch durch seine Person erscheint Goethe für Barbey d'Aurevilly als ein Gegenentwurf. So sehr, daß es erlaubt ist, sich zu fragen, ob vom Autor des *Faust* allein die Rede ist, ob er nicht ein Vorwand ist und ob Barbey d'Aurevilly nicht einfach einen anderen Streitfall weiterführt. Rächt er sich nicht, immer und immer noch, auf indirekte Weise an Sainte-Beuve? Er schlägt den Spiegel in Stücke, in dem, durch die Vermittlung Goethes, Sainte-Beuve sich so gern besah. Er zerstört das Idol, vor dem niederzuknien Sainte-Beuve die Franzosen anhielt. Barbey d'Aurevilly, der jetzt selbst in Sainte-Beuves Sessel im CONSTITUTIONNEL sitzt, ergötzt sich am Vatermord.

Aber es gibt noch einen anderen Schriftsteller neben Goethe, den er verachtet und dem er im CONSTITUTIONNEL eine besondere Beachtung schenkt. Von Mai 1875 bis Juli 1877 ergreift er die Gelegenheit des Erscheinens der sogenannten *Sämtlichen Werke* von Diderot, um diesem mehrere Artikel zu widmen.[8] In seiner Besprechung von Eckermanns *Gesprächen mit Goethe* hatte er schon 1862 Diderot als Gegenpol ins Spiel gebracht: »Diderot, der aufbrausende Diderot, war ein Vulkan von Ideen, guten wie schlechten, immer in Eruption; Goethe hingegen war eine Art Fluß von ausgedehnter Oberfläche, aber kalt, der sich in manchmal klaren, aber gewöhnlichen, und oft auch nebelhaften allgemeinen Gedanken ergoß.«

1880 möchte er zusammenfassen, was er über Diderot geschrieben hat. Da ihm das Ganze für ein Buch nicht umfangreich genug scheint, entschließt er sich, es mit etwas anderem zu verbinden. Und so kommt es, daß Goethe, der Übersetzer und Herausgeber von *Rameaus Neffe* in Deutschland, plötzlich mit Diderot zusammenkommt.[9] Barbey d'Aurevilly fügt seinen Artikeln eine Einleitung und einen Schluß hinzu, aber auch, als Ergänzung, seine alte Schmähschrift über Eckermanns *Gespräche mit Goethe*.

So kommt es zu dem Buch *Goethe et Diderot*[10]. Ein artifizielles Buch, obwohl Barbey d'Aurevilly versucht, sich durch umständliche Erklärungen zu rechtfertigen: Er versammle, sagt er, zwei entgegengesetzte Persönlichkeiten, die aber »Geister von gleicher Rasse« seien. Diderot ist für ihn ein »hitziger Scharlatan«. Wenn er ihn also wegen seiner Ideen, seines Materialismus zutiefst verabscheut, kann er ihn zugleich wegen seines leidenschaftlichen Charakters lieben. Die Abneigung gegen Goethe aber läßt keine Berufung zu: Er ist der »kalte Scharlatan«. Während Diderot allmählich verzehrt wurde durch das Feuer, das in ihm brannte, habe Goethe sein Herz in die Bekanntmachung seiner Werke gelegt und sich, um Unsterblichkeit zu erlangen, »aus erstarrter Gelatine« ein Standbild errichtet.

Ob es um Literatur ging oder um Politik, Intoleranz war Barbey d'Aurevillys Markenzeichen. Als Monarchist und Befürworter einer uneingeschränkten Autorität konnte er beispielsweise Demokraten nicht ertragen, und noch weniger jene, die sich für eine soziale Revolution schlugen. Die Einführung einer republikanischen Regierung in Frankreich am 3. September 1870 peinigt ihn. Die Niederlage der Commune freut ihn. 1872 spricht er sich heftig gegen den Gedanken einer Amnestie für Kommunarden aus: »Wir glauben ausschließlich an die Repression, die Züchtigung, die Strafe. Wenn sie verdient ist, muß sie sein.«

Nein, der Autor von *Les Diaboliques* hatte mit niemandem Nachsicht. Selbst in seinem eigenen Lager, dem katholischen, besaß er den Ruf eines »Ringkämpfers«, den man fürchten mußte.[11] Als er am 23. April 1889 stirbt, mit wie vielen Zeitungsdirektoren hat er da gebrochen, wie viele Freunde vergrault! Ein paar Vertraute treffen sich mit ihm, wie Léon Bloy, Joris-Karl Huysmans, Joséphin Péladan, aber der Kreis seiner literarischen Beziehungen hat sich im Lauf der Jahre ausgedünnt. Die provozierende Unversöhnlichkeit, die er so gern zur Schau trug, führte ihn notwendig in die Einsamkeit oder wenigstens dazu, sich als Einzelgänger zu Wort zu melden. Wie ein unabhängiger und alles aufs Spiel setzender Musketier.

Heute würden seine Beschimpfungen eher dazu anregen, Goethe zu lesen, als davon abhalten. Zunächst weil sein Dauerbeschuß mit rotglühenden Kugeln irgendwann das Bedürfnis nach einer Pause weckt, und damit nach ein bißchen Kühle von seiten desjenigen, den er als Eiswürfel beschreibt. Dann weil angesichts der Fülle von Torheiten, die er ihm zuschreibt, sich ganz von selbst die Neugierde regt, zu überprüfen, ob sie so himmelschreiend sind, wie er vorgibt.

Wenn man als Statthalter der literarischen Wahrheit und unfehlbarer Inspektor von Ruhmestiteln posiert, riskiert man, als Witzbold wider Willen durchzugehen. Das ist es mehr oder weniger, was Barbey d'Aurevilly in den hier abgedruckten Artikeln aus dem CONSTITUTIONNEL passiert. Es war nicht geboten, alles, was sich in seinem Werk *Goethe et Diderot* von 1880 auf Goethe bezieht, zu übernehmen. Die Logik, die Einheit und die Kohärenz der Seiten, die Barbey d'Aurevilly 1873 veröffentlicht hat, sind hinreichend beweiskräftig.

Das Temperament, die Verve, das verbale Gebärdenspiel, mit denen er sich daranmacht, den als Zielscheibe gewählten Mann zu demolieren, reizen eher zum Lachen als dazu, ein überlegtes und unwiderrufliches Urteil zu fällen. Man amüsiert sich über seine Respektlosigkeit, seine Frechheit, seine Keulenschläge. Auch wenn seine Bemühungen letzten Endes ihr Ziel verfehlen, ist es ergötzlich zu sehen, daß der Angreifer ein Meisterschütze ist.

Anmerkungen

1 vgl. Maurice de Guérin, *Reliquiae*, herausgegeben von Guillaume-Stanislas Trebutien, Vorwort von Charles-Augustin Sainte-Beuve, 2 Bde., Paris: Didier, 1861. Trebutien, damals Buchhändler in Caen, war ein Jugendfreund Barbey d'Aurevillys, mit dem er 1858 brach.

2 vgl. *Entretiens de Goethe et d'Eckermann*: *Pensées sur la littérature, les mœurs et les arts*, übersetzt von Joseph Numa Charles, Paris: Claye, 1862. Sainte-Beuve hat seine Artikel für die Einleitung zu einer konkurrierenden späteren Ausgabe benutzt: *Conversations de Goethe pendant les dernières années de sa vie*, 1822–1832, *recueillies par Eckermann*, übersetzt von Émile Délerot, Paris: Charpentier, 1863. *Dichtung und Wahrheit* war unter dem folgenden Titel bekannt: *Goethe, ses mémoires et sa vie*, übersetzt und mit Anmerkungen versehen von Henri Richelot, 4 Bde., Paris: Hetzel, 1863. Ausschnitte aus *Dichtung und Wahrheit* waren bereits vierzig Jahre früher erschienen: *Mémoires de Goethe*, übersetzt von Aubert de Vitry, Paris: Ponthieu, 1823.

3 vgl. Jacques Petit, *Barbey d'Aurevilly critique*, Paris: Les Belles Lettres, 1963.

4 vgl. Johann Wolfgang von Goethe, *Les Années d'apprentissage. Les Années de voyage*, übersetzt von Théodore Toussenel, 4 Bde., Paris: Lefevre, 1829.

5 vgl. Rousset, *Faust: ou les Premières Amours d'un Metaphysicien Romantique*, pièce du théatre de Goethe, arrangée pour la scène française, en quatre actes, en prose, Paris: Péliciet et Chatet, 1829.

6 vgl. Alfred Mézières, *Goethe, les œuvres expliqués par la vie*, 2 Bde., Paris: Hachette, 1872. Mézières war Professor für fremde Literaturen und Mitglied der Académie française.

7 In Wahrheit umfaßt die sogenannte Weimarer Ausgabe von Goethes Werken, die zwischen 1887 und 1916 veröffentlicht wurde, 128 Bände, davon allein 52 für die literarischen Werke.

8 vgl. Jules Barbey d'Aurevilly, *Contre Diderot*, Vorwort von Hubert Juin, Brüssel: Éditions Complexe, 1986.

9 *Le Neveu de Rameau* von Denis Diderot wurde 1863 mit einem Aufsatz und den Anmerkungen von Goethe in Paris veröffentlicht.

10 vgl. Jules Barbey d'Aurevilly, *Goethe et Diderot*, Paris: Lemerre, 1880.

11 Polemik im Anschluß an einen Artikel von Barbey d'Aurevilly, »Notre critique et la lueur«, in Le Réveil vom 2. Januar 1858. In Le Siècle vom 10. Januar 1858 greift Edmond Texier Barbey d'Aurevilly an, indem er Le Réveil als eine Zeitung von »Ringkämpfern« bezeichnet, vgl. Petit, *Barbey d'Aurevilly critique*, S. 143–145.

Der späte Goethe im Porträt
von Christian Hecht

Goethe wurde seit seiner frühen Jugend immer wieder porträtiert. Schon der junge Frankfurter Bürgerssohn ist nicht selten gemalt und gezeichnet worden und erst recht der erfolgreiche Autor des *Werther* und des *Götz*. Das Interesse der literarisch engagierten Öffentlichkeit an Darstellungen Goethes war spätestens seit den 70er Jahren des 18. Jahrhunderts sehr groß. Dennoch hat keiner der bedeutenderen zeitgenössischen Künstler ein Porträt des Dichters geschaffen. Bereits Johann Kaspar Lavater, dessen physiognomische Studien auf die Zeitgenossen größten Eindruck machten, hat diese Tatsache wahrgenommen. In seiner etwas steifen Art dichtet er im Jahre 1773:

»Goethe! Dich malt und beschreibt kein Geist, der kleiner als du ist.

Immer etwas von dir hascht jeder auf, und er wähnt dann,
Dich ergriffen zu haben — und hat den Schatten von dir kaum!
Jeder Kleinere malt viel kleinlicher Lippen und Aug dir —
Macht dich geschmeidiger, sanfter und feiner – lämmlicher, zärter –
Glaubt, dir weislich zu schonen, indem er die Kraft dir des Wolfes
Und des Löwen Grimm und Stolz raubt, die dich bezeichnen …
Oh, die Künstler vergessen, wie viele Naturen in dich nur
Mischte die Mutter Natur — sie jubelte, da sie dich hinstellt'.«[1]

Tatsächlich sind die Namen derjenigen, die Goethe damals porträtierten, heute kaum bekannt. Wer würde sich etwa an Georg Melchior Kraus erinnern, wenn er nicht einige – durchaus ansprechende – Goethe-Porträts geschaffen hätte. Ein Malergenie war der freundliche Künstler, der ansonsten vor allem mit heiteren Weimarer Veduten hervorgetreten ist, jedenfalls nicht. Und weder Kraus noch die übrigen, die sich an Goethes Gestalt versuchten, sind aus den zeitüblichen Konventionen ausgebrochen. Bis in die ersten Jahrzehnte des 19. Jahrhunderts wird er so dargestellt, wie man es bei einem erfolgreichen bürgerlichen Dichter erwarten konnte. Wohl alle privaten und offizielleren Porträts folgen den Rezepten, die sich für die Darstellungen von Dichtern und Gelehrten seit dem 16./17. Jahrhundert herausgebildet hatten — im 18. Jahrhundert mit einer kräftigen Prise Empfindsamkeit.

Es ist Johann Heinrich Wilhelm Tischbein, der den ersten Schritt über das übliche Maß hinaus geht. Er läßt 1786/88 Goethe in der römischen Campagna auf den Resten eines zerbrochenen Obelisken ruhen, im Hintergrund antike Ruinen. Derartiges konnte man auch sehen, wenn sich englische Lords Bilder zur Erinnerung an ihre Italienreisen malen ließen; für einen deutschen Dichter aber war eine solche Darstellung durchaus neu. Vor allem war das ungewöhnlich große Format neu. Man erkennt sofort, wie hoch der inhaltliche und formale Anspruch Tischbeins ist. Die Vermutung, er habe den Lavaterschen Ausspruch gekannt, liegt nahe. Und man merkt, wie die selbstgestellte Aufgabe Tischbeins Hand fast gelähmt hat. Schon die Pose des Dichters wirkt etwas gezwungen, zumal man den Eindruck hat, seine Beine seien nicht richtig eingeschraubt. Nicht zuletzt aber bewirkt der große gelehrte Apparat mit seinen vielen hochkomplexen Anspielungen, daß insgesamt ein eher kleinteiliger und gekünstelter Eindruck entsteht — und nicht der erhoffte genialische Wurf. Tischbein konnte aber auch anders. Seine Zeichnung (1786/87), die Goethe von hinten am Fenster seiner römischen Wohnung zeigt, ist sicher eine der lebendigsten Darstellungen des Dichters. Dieser Gegensatz zwischen hochoffiziellen Bildern und schnell hingehuschten Skizzen charakterisiert die gesamte Geschichte der Goetheporträts. Dieses Phänomen findet sich natürlich auch bei anderen Personen, aber bei einem Mann wie Goethe zeigt es sich eben in besonderem Maße, weil es für einen Dichterfürsten noch weniger Darstellungskonventionen gab als für einen »richtigen« Fürsten des frühen 19. Jahrhunderts.

Je mehr die Öffentlichkeit in Goethe einen Olympier, einen jupitergleichen Dichter, sehen will, desto mehr verstärken sich die Probleme der Künstler. Bereits die Kostümfrage ist nicht leicht zu beantworten. Muß nicht der große Dichter im antiken Gewand gezeigt werden? Tatsächlich finden sich entsprechende Darstellungen, etwa auf Friedrich Burys Zeichnung von 1808 (Abb. S. 15). Goethe trägt zwar keine römische Toga, sondern nur eine Art Hemd, dessen viereckiger Ausschnitt mit Palmettenmuster aber unmißverständlich sagt, daß es sich hier um ein klassisches Gewandstück handelt. Goethe selbst hingegen sieht keineswegs wie ein neuer Homer aus. Auch Friedrich Bury ging die Arbeit wohl nicht sehr flüssig von der Hand, wie die vielen kleinen ängstlichen Striche mehr als deutlich zeigen. Das Phänomen ist bekannt. Schon die christliche Antike kannte nicht wenige Legenden von Malern, die nicht in der Lage waren, Christus oder Maria zu porträtieren. Ihnen wurde aber zumeist überirdische Hilfe zuteil, wie es etwa noch Johann Gottfried Herder in seinem Gedicht »Bild der Andacht« erzählt. Eine solche überirdische Unterstützung hätte sicher auch Bury gut gebrauchen können, denn keines seiner vielen Goetheporträts kann wirklich überzeugen.

Überirdische Hilfe blieb auch Heinrich Franz Brandt versagt. Nachdem er 1825 mit einer Goethemedaille einen beachtlichen Mißerfolg erzielt hatte, machte sich der Berliner Künstler auf den Weg nach Weimar, um die Gesichtszüge Goethes am lebenden Original zu studieren. Ein weiterer Mißerfolg war programmiert: Brandts Bleistiftzeichnung von 1826 dokumentiert so viele Falten, daß sich ein Gesamteindruck des Gesichts nur mit Mühe einstellen will (Abb. S. 51).

Nur wenig mehr Glück hatte Johann Joseph Schmeller. Der nicht unbegabte Zeichner kannte Goethe aus nächster Nähe, und er war gewissermaßen dessen Hausphotograph, denn eine wichtige Aufgabe Schmellers war es, berühmte Besucher, die Goethe ihre Aufwartung machten, zu zeichnen. Das gelang ihm in der Regel gar nicht schlecht. Seine vielen Zeichnungen sind nicht selten sogar durchaus witzig, und zwar mit Absicht. Genau das wird man aber von seiner Porträtzeichnung Goethes (1829/30) nicht behaupten können (Abb. S. 43). Nur kleine Striche und übersorgfältige Weißhöhungen. Die Ängstlichkeit des Zeichners überträgt sich auf den Dargestellten, der einen regelrecht furchtsamen Eindruck macht. So sah Goethe tatsächlich nicht aus, wie man beim Vergleich mit einer 1808 abgenommenen Lebendmaske deutlich erkennen kann. Schmeller war überfordert.

Das bekannteste Goethebildnis überhaupt ist vermutlich das Gemälde, das Joseph Karl Stieler 1828 im Auftrag Ludwigs I. von Bayern geschaffen hat. Auch dem routinierten Porträtisten Stieler ging die Arbeit nicht leicht von der Hand. Es überrascht daher nicht, daß der französische Graphiker Tony Goutière das Stielersche Bild zwar reproduzierte (Abb. S. 37), es aber erheblich vereinfachte — und gleichzeitig monumentalisierte, trotz des kleinen Formats. Gerade deshalb muß die Darstellung, die dem

1863 erschienenen zehnten Band der Goetheausgabe des Pariser Verlages Hachette beigegeben wurde, Jules Barbey d'Aurevilly regelrecht provoziert haben. Jedenfalls bespricht er Goutières Reproduktionsgraphik relativ ausführlich; offensichtlich hat sie in seinen Augen jene französische Goethe-Überschätzung ins Bild gesetzt, gegen die er so vehement vorging.

Goutière, der Goethe nicht kannte, steigerte die Wirkung von Stielers Bildnis durch Reduktion. Durchaus vergleichbar erscheint die Vorgehensweise des Porzellanmalers Julius Ludwig Sebbers. Auch er reduziert; allerdings mit dem Ziel, möglichste Lebendigkeit zu erreichen.

Sebbers wollte kein repräsentatives Ölgemälde schaffen, sondern nur eine Tasse mit dem Porträt des Dichters schmücken (Abb. S. 5). Die Vorstellung, auf einer Tasse verewigt zu werden, scheint Goethe amüsiert zu haben. In einem Brief an seinen Berliner Freund Carl Friedrich Zelter schrieb er am 12. August 1826:

»Sibillinisch mit meinem Gesicht
Soll ich im Alter prahlen!
Jemehr es ihm an Fülle gebricht
Desto öfter wollen sie's mahlen!«[2]

Goethe hat jedenfalls Sebbers im Jahr 1826 zahlreiche Porträtsitzungen gewährt, bei denen mehrere feine Zeichnungen in Hinblick auf die geplante Porzellanmalerei entstanden. Sebbers mußte bei seiner Arbeit berücksichtigen, daß sein Bildchen kaum größer als ein heutiges Paßbild sein würde. Auch wenn er also mit sehr großer Delikatesse vorzugehen hatte, durfte er doch nicht allzu viele Details unterbringen. Und das tat seiner Arbeit durchaus gut. Letzten Endes entstand natürlich kein Gebrauchsgegenstand, sondern eine, man darf schon sagen, »Denkmaltasse«, die nicht nur das Porträtmedaillon Goethes zeigt, sondern auch antikisierende Dichterattribute. Goethe selbst hat das Objekt, das sich heute im Weimarer Goethe-Nationalmuseum befindet, sogar mit einer eigenhändigen Widmung versehen.

Das Bildchen von Sebbers erhebt von allen bisher betrachteten Werken am wenigsten den Anspruch auf Erhabenheit. Dennoch, bereits der Gedanke der »Denkmaltasse« entbehrt nicht einer gewissen Komik.

Vom Erhabenen zum Lächerlichen ist es nur ein kleiner Schritt. Dieses Gesetz wirkt auch und gerade bei den Porträts des späten Goethe. Wollte man boshaft sein, könnte man sogar von unfreiwilligen Karikaturen sprechen.

Umgekehrt funktioniert das Gesetz aber auch — wenn nicht immer, so doch wenigstens manchmal. Ausgerechnet die Darstellungen, bei denen sich Künstler nicht von der Ehrfurcht vor dem großen Dichter leiten ließen, bieten dem heutigen Betrachter wohl die beste Möglichkeit, einen Eindruck von der Gestalt, ja von der Person Goethes zu erhalten.

Das sieht man sehr gut bei einer Zeichnung von Johann Gottfried Schadow (Abb. S. 134). Der Bildhauer, dessen Kunstauffassung sich von derjenigen Goethes diametral unterschied, kannte den Dichter persönlich und fertigte auch eine Büste von ihm an. Schadow fühlte sich aber in Goethes Umgebung durchaus unwohl. Die bewundernden Scharen störten den etwas burschikosen Berliner, und er ließ seinem Unmut über die Weimarer Erlebnisse auf einem Blatt Papier freien Lauf. Goethe thront als olympische Gottheit in den Wolken, sein Haupt wird von Strahlen umgeben. Doch siehe da, Schadows Goethe, mit schnellen und kräftigen Strichen hingeworfen, ist wirklich ein wenig – man scheut sich fast, es zu sagen – erhaben. Der geniale Bildhauer erfüllt nach so vielen Jahren – ganz nebenbei – die Lavatersche Forderung.

Nicht ganz so genial sind einige andere Zeichnungen, etwa von Goethes Hausgenossen Friedrich Wilhelm Riemer, der den Dichter gegen 1810 zeichnete (Abb. S. 57). Man sieht Goethe in Frack und Zylinder, mit leicht erho-

bener rechter Hand, als wolle er einen seiner vielen Besucher begrüßen. Gerade in dieser Haltung blieb er in Erinnerung, etwa dem großen englischen Schriftsteller William Makepeace Thackeray, der mit Goethe am 20. Oktober 1830 zusammentraf (Abb. S. 71). Einige kräftige Striche charakterisieren Goethe als einen offensichtlich beeindruckenden Mann. Kurze Zeit später kombinierte Daniel Maclise die hier gezeigte Gestalt des Dichters mit dem etwas gedrehten Kopf von Stielers Goetheporträt, er veränderte die Figur ein klein wenig, brachte einige naturalistische Querfalten an und gab Goethe einen Zylinder in die Hand (Abb. S. 81). Und vor allem veröffentlichte Maclise das neue Produkt als Lithographie, so daß aus Thackerays Zeichnung regelrecht ein »englischer« Goethe wurde. Goethe ist und bleibt auch in derartigen Darstellungen ein Denkmal. Und er ist eben durchaus eindrucksvoll, eindrucksvoller jedenfalls als bei Bury oder Schmeller.

Maclise schuf ein Pasticcio, das offensichtlich dem Geschmack des Publikums entsprach. Dasselbe gilt auch für einen kleinen Stahlstich von Friedrich Fleischmann, wiederum kein besonders bedeutender Künstler (Abb. S. 136). Und Fleischmann hatte Goethe nicht einmal gesehen. Seine Illustration zu Wilhelm Hauffs *Memoiren des Satans* von 1830 zeigt zwei Gäste des Hauses am Frauenplan, vor denen sich gerade eine Tür öffnet, in der Goethe erscheint. Die beiden sind nicht irgendwer, sondern Satan selbst und ein durchreisender Amerikaner, die den Dichter des *Faust* und damit den Urheber des Mephisto besuchen. Goethe ist angetan mit dem charakteristischen Frack, auf dem der Stern des weimarischen Ordens vom

Weißen Falken glänzt. Fleischmann war nicht durch die direkte Begegnung mit dem Dichterfürsten gehemmt, und außerdem erlaubte er sich wohl wegen der ironischen Grundnote von Hauffs Text eine gewisse Freiheit. Der Erfolg gab ihm recht. Es waren nämlich nicht etwa irgendwelche Fremden, die diesen Stich für besonders gelungen hielten, sondern Goethes Enkel Walther Wolfgang. In einem durchaus glaubwürdigen zeitgenössischen Text heißt es: »Von diesem Bildchen war … er ergriffen: noch keines habe ihm die Gesammterscheinung des Großvaters, wie er sie in der Erinnerung trage, so völlig wieder vor Augen gestellt«[3]. Ein überragendes Meisterwerk ist Fleischmanns

Stich dennoch nicht. Für dieses Blatt und für die meisten anderen Goetheporträts gilt wohl – mutatis mutandis – der Ausspruch des literarischen Kellners Mager aus Thomas Manns *Lotte in Weimar*: Ihre »… Größe beruht im Geistigen«[4].

1 1773 als Beischrift zu einem Ölbild von Johann Daniel Bager. Zit. nach: *Goethe im Bildnis*, hrsg. und eingeleitet von Hans Wahl, Leipzig: Insel, [1930], S. 5.

2 Brief von Johann Wolfgang von Goethe an Carl Friedrich Zelter, 12. August 1826. In: *Goethes Briefe* (*Goethes Werke*, hrsg. im Auftrage der Großherzogin Sophie von Sachsen, IV. Abt., 41. Bd.: April – December 1826), Weimar: Böhlau, 1907, S. 121.

3 Otto Mejer, *Wolf Goethe. Ein Gedenkblatt*, Weimar: Böhlau, 1889, S. 69.

4 Thomas Mann, *Lotte in Weimar* (= Stockholmer Gesamtausgabe), Stockholm: Bermann-Fischer, 1939, S. 22.

Abbildungsverzeichnis

Inhalt

Jules Barbey d'Aurevilly, Ausgewählte Essays in Einzelbänden.
Herausgegeben von Gernot Krämer.

Die vorliegende Übersetzung folgt dem Text der unter dem Titel »Contre Goethe« bei Éditions Complexe, Brüssel 1999, erschienenen Ausgabe der 1873 in der Zeitschrift Le Constitutionnel veröffentlichten Essays von Jules Barbey d'Aurevilly.

Göhrener Straße 7, 10437 Berlin.
www.matthes-seitz-berlin.de / info@matthes-seitz-berlin.de
Erste Auflage, Berlin 2006.
Satz: Torsten Metelka, Berlin.
Umschlaggestaltung: neo design consulting, Bonn, unter Verwendung des Goethe-Porträts von Joseph Karl Stieler aus dem Jahr 1828 (Bayerische Staatsgemäldesammlungen, Neue Pinakothek, München).
Druck & Bindung: Pustet, Regensburg.

ISBN 3-88221-869-X

Lieferbar bei Matthes & Seitz Berlin

Antonin Artaud
Van Gogh, der Selbstmörder durch die Gesellschaft und
Texte über Baudelaire, Coleridge,
Lautréamont und Gérard de Nerval
Aus dem Französischen von Franz Loechler,
Nachwort Elena Kapralik
160 Seiten, Bildteil, geb. mit Schutzumschlag
ISBN 3-88221-200-4
Batterien 1

László F. Földényi
Heinrich von Kleist
Im Netz der Wörter
Aus dem Ungarischen von Akos Doma
550 Seiten, geb. mit Schutzumschlag
ISBN 3-88221-284-5
Batterien 66

László F. Földényi
Melancholie
Erweiterte Neuausgabe
Aus dem Ungarischen von Nora Tahy und Gerd Bergfleth
389 Seiten, broschiert
ISBN 3-88221-239-X
Batterien 35

Nicolás Gómez Dávila
Notas
Unzeitgemäße Gedanken
Mit einem Vorwort von Martin Mosebach und einem
Nachwort von Franco Volpi
Aus dem Spanischen von Ulrich Kunzmann
448 Seiten, gebunden mit Schutzumschlag
ISBN 3-88221-855-X
Batterien 73

Theodor Lessing
Der jüdische Selbsthaß
Mit einem Vorwort von Boris Groys
Broschur, 256 Seiten
ISBN 3-88221-347-7

J.-B. Henri Savigny
Alexandre Corréard
Der Schiffbruch der
Fregatte Medusa
Ein dokumentarischer Bericht
aus dem Jahr 1817

Nach einer anonymen
Übersetzung aus dem Jahr 1818
Mit einem Vorwort von
Michel Tournier, einem Nachwort von Johannes Zeilinger und
einem Bild-Essay von Jörg Trempler
sowie einem Glossar und einem ausführlichen Anhang
Gebunden mit Schutzumschlag, 256 Seiten
ISBN 3-88221-857-6

Am 2. Juli 1816 läuft die Fregatte Medusa vor der Küste Afrikas auf Grund. 150 Schiffbrüchige können sich auf ein eilig gezimmertes Floß retten. Zwölf lange Tage verstreichen, bis die Schiffbrüchigen schließlich gerettet werden. Zu den nur 15 Überlebenden der ungeheuerlichen Irrfahrt gehören auch J.-B. Henri Savigny und Alexandre Corréard. Sie sind die Autoren des Tatsachenberichts, dessen drastische Nüchternheit in der hier vorliegenden Übersetzung aus dem Jahr 1818 unübertroffen zum Ausdruck kommt. Corréard und Savigny, die lediglich wollten, daß die Verantwortlichen des Unglücks zur Rechenschaft gezogen werden, ist es gelungen, den grausamen Überlebenskampf auf dem Floß ungewollt zu einem Stück aufregender Literatur werden zu lassen.

»Die deutsche Neuauflage dieses Berichts ist vorzüglich aufbereitet.« Balthasar Haussmann, **Frankfurter Rundschau**

»Zwei Aufsätze sind diesem Text nachgestellt. Sie setzen Maßstäbe für die Ergänzung historischer Berichte.« Freddy Langler, **F.A.Z.**

»unbedingt zu empfehlen« Manfred Schwarz, **Süddeutsche Zeitung**